人生が攻略できる 11のドラゴン・メッセージ

柳川 隆洸
RYUKOU YANAGAWA

DRAGON MESSAGE

WHEN DRAGONS FROM THE EAST AND THE WEST
UNITE AND BECOME A "WHEEL OF OUROBOROS",
IT FORMS A MAGNIFICENT WISDOM.

サンマーク出版

東西のドラゴンが結びつき、
「ウロボロスの輪」となるとき、
優れた叡智《えいち》となり、人々の生き方を瞬く間に変えるだろう。

MESSAGE

おめでとうございます。

あなたは、世界でたったひとつの

人生攻略アイテム「ドラゴン・メッセージ」を手に入れました。

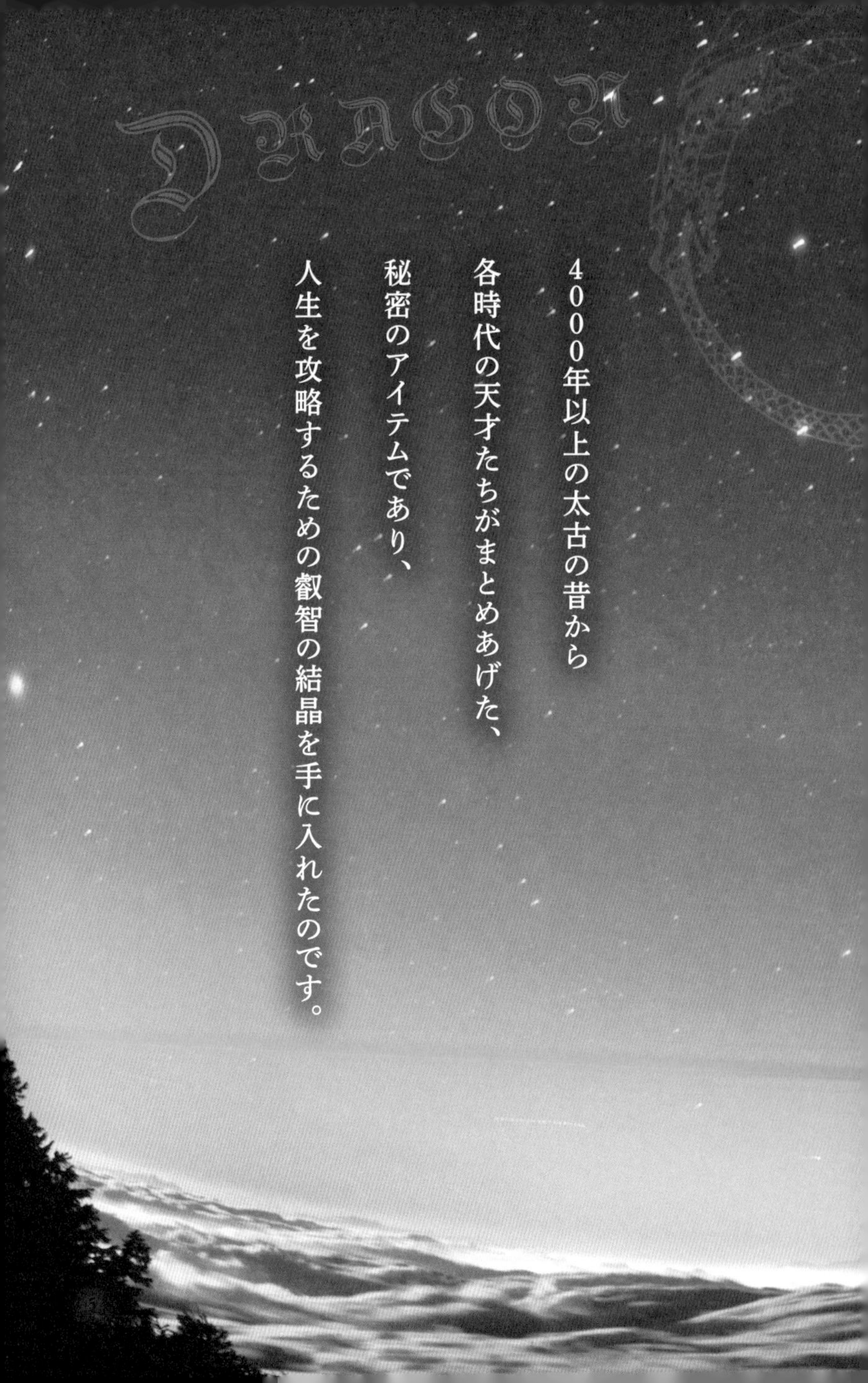

４０００年以上の太古の昔から
各時代の天才たちがまとめあげた、
秘密のアイテムであり、
人生を攻略するための叡智の結晶を手に入れたのです。

東西のドラゴンが導く人生を攻略する方法

意外なところに隠されていた人生攻略法

本書を手に取っていただき、ありがとうございます。
あなたはいままでの人生の中で、もっとも大きなインパクトのある行動をしたのです。

なぜなら、本書はあなたの「人生攻略本」だからです。

あなたは、つぎのように考えたことはありませんか？
自分を見失ったり、誰かに嫌われたり、お金に困ったり、健康を害してしまったり
……そんなふうに人生に悩んだとき、「すぐに問題を解決してくれる便利な攻略法は

Prologue

ないのかな」と考えたことが。

僕にはありました。

小学生ながら、人間関係に悩み、自殺を考えるほどつらかったとき。

ゲームでよくあるような、問題をすぐに解決してくれる「人生攻略本」が「きっとこの人生にもあるはずだ！」と宗教書や哲学書を読みふけり、探し求めました。

しかし、長い時間かかっても、見つけ出すことはできませんでした。

もうあきらめかけていたときに、ついに見つけてしまったのです。

ずっと探し求めていた人生の攻略法を……！　それが、いまあなたが手に取っている本に書かれている「ドラゴン・メッセージ」です。

このわずか11個のメッセージを読むだけで、人生が激変したのです。

僕がこのドラゴン・メッセージを見つけるまで、じつに20年の歳月がかかりました。

なぜこれほどに時間がかかったのかというと、とても意外なところに隠されていたからです。

人生の攻略法である「人類の叡智《えいち》の結晶」は、なんと「占星術」にあったのです。

さすがに僕も、占いの類いに人生を攻略する叡智が詰まっているとは、到底思えずに見落としていました。それに多くの人と同じく、率直に占星術のことを〝怪しい〟と思っていましたので、見向きもしていなかったのです。

ですが、そういう表面的な印象をすべてぬぐい去って、**占星術としっかり向き合って学んでみると、驚くほどの叡智がそこに詰まっていることを発見しました。**

どんな学問も知識も遠く及ばないような、人類の救いになる情報が詰め込まれていたのです。

そこで得た叡智はまさに人生の攻略法というに相応《ふさわ》しい内容で、もっと大胆にいうならば、**人生においてのゲームでいう「裏技」のようなものだったのです。**

裏技のような劇的な変化をもたらすドラゴン・メッセージ

小学生の頃から悩みを抱えていた僕ですが、大人になってからも相変わらず上手《うま》く

Prologue

いかない日々が続いていました。

恋人も10年以上おらず、どれだけがんばって働いても貯金は0円。月2万8000円のアパートに住み、トイレは和式。日が当たらず湿気が多く、毎日のようにナメクジが玄関を散歩していました。

30歳前後でそんな状態ですから、その頃の僕からは、笑顔が抜け落ちていて、ずっと暗い表情をしていたようです。

そんな僕が占星術に出会い、**ドラゴン・メッセージを活用しただけで、文字通り裏技を使ったような人生が始まったのです。**

33歳になる頃には、月収が100万円を超すようになり、家賃も15万円程度の都心のマンションに住み、突然のモテ期にも突入し、何より満点の笑顔が生まれるようになりました。

さらに36歳になる頃には、いまの妻と結婚をし、子どもにも恵まれました。

そして、1年に数か月は海外で過ごせるまでの人生を送るようになったのです。

ほんの数年前まで日常が〝ナメクジ〟だった僕の人生に、いったい何が起きて、日常を謳歌《おうか》するような人生に切り替わったのでしょうか?

努力と根性でしょうか?

いいえ、努力と根性は10年間恋人がいなかった頃の方が、鬼気迫る勢いでしていました。むしろいまは、いかに努力しないかについて努力するほど、ある意味がんばらない人生を送っています。

では、あの頃の僕といまの僕では何が変わったのか。

じつは、違いはたったひとつだけです。

それは本書で紹介しているドラゴン・メッセージという人生の攻略法を活用しただけ。**いや、もっと正確に言うと、わずか11個のドラゴン・メッセージを読んだだけ。**

たったそれだけで、これほどに人生を変化させてしまったのです。

Prologue

いにしえの天才たちが研鑽した歴史ある叡智

わずか11個ですが、それはモーセの「石板」のように神がかった力をもっていると断言できます。

それこそ、ロールプレイングゲームで、経験値や体力設定がまだ「レベル1」の状態で、**いきなりラスボス（最後の敵）を倒せる「勇者の剣」を手に入れたような、圧倒的な力を得た感覚になります。**

それもそのはず、ドラゴン・メッセージとは、のちほどくわしく解説しますが、「東洋」と「西洋」の占星術を融合したものが元になっています。

そして、**その大本の占星術とは、「世界の伝説級の天才たち」が研鑽《けんさん》した、歴史ある叡智です。**

たとえば、東洋占星術においては、その原典は中国の初代王で伝説上の人物とされる「伏羲《ふくぎ》」が作り上げました。**そして、それをかの有名な賢人である「孔子」が、誰にでも使えるようにまとめたのが東洋占星術です。**

また西洋占星術においては、**「万学の祖」といわれる「アリストテレス」がその原型を構築。その後、天文学者の「プトレマイオス」が占星術の基礎を作りました。**

どちらも紀元前に生み出された叡智ですが、その後、現代までの長い歴史の中で数え切れないほどたくさんの天才たちの研究が続けられました。

そして、**膨大なビッグデータとなって、現在の占星術の解釈に至っています。**

これだけの叡智の結晶を、現代の私たちはどうして活用することをやめてしまったのか。占星術には何の効果もないからでしょうか?

とんでもない。僕はこれまで3000人を超す人たちに占星術コンサルティングを提供してきましたが、占星術が間違った答えを出すことはほぼありません。

ただ、占星術にも大きな問題点があって、**得られる知識が膨大すぎて素人には生活**

に取り入れにくいのです。

しかも占星術には、東洋占星術と西洋占星術の2つの解釈があるので、なおのこと活用が難しくなります。

これからの時代は東洋と西洋の融合にカギがある

しかし、僕は東洋と西洋の占星術の両方の視点から判断しないと、「正確な結果」にならないことを突き止めました。

そこで数多くのコンサルティングをした経験で、**東西の占星術を融合し生み出したのが「ドラゴン占星術」です。**

このドラゴン占星術は、日々の占いを「Twitter」、Instagramで配信し好評を得ています。有名雑誌でも数ページにわたる特集をしていただき、広まりつつあります。

さらに、この東西融合の叡智・ドラゴン占星術を、より普遍的な「人生攻略法」として進化させました。

そのために、２０２０年12月から始まる新しい世界の「風の時代」において、上手く生き抜くために必要なエッセンスを導き出しました。

なぜなら、あなたもすでに実感しているかと思いますが、２０２０年はよくも悪くも「新しい時代」への幕開け。これからの時代は、いままでの攻略法や成功法則ではまったく歯が立たないのです。

そして、誰でも理解し活用しやすいように11のメッセージへとまとめ、完成させたものがドラゴン・メッセージなのです。

いわば、ただの鉄の塊である占星術を炎で熱して、何度も何度もたたいて精錬させて、誰にでも活用できるアイテムとして作り上げた血と汗の結晶なのです。

わずか1か月で多くの人に変化！

そんな特別なアイテムであるドラゴン・メッセージですが、短期間で人生にどれほどの効果を発揮するのか？　あなたも気になっていることでしょう。

そこで、**何も知らない一般の男女に1か月だけ活用してもらい、人生がどのように変化したかのテストを行いました。**その結果を抜粋してご紹介します。

起業をしたくて準備しだしたものの、自分に合っている職種がわからなくて悩んでいましたが、ドラゴン・メッセージで本来の自分に気づいてからは、トントン拍子にチャンスが巡ってきて、いまでは独立し出版の準備を始めています。（S・Oさん／男性）

上手くいかないとき必ずドラゴン・メッセージが浮かんできて救われました。それまでは、「成功が善で、失敗は悪」という思い込みがあったのですが、上手くいかなくても自分を責めずにすんでいます。（H・Oさん／女性）

自分のコンテンツが勝手に口コミされるようになり、集客なしでセミナー会場が満席。そして必要だなと思っていた人材も自然と集まる流れが生まれるようになった。本当の自分に気づくだけで、こんなにビジネスが楽になるとは思わなかった。（Y・Kさん／男性）

普段のクセでネガティブな感情が生まれたときも、本来の自分である「喜びにフォーカスする」や「ポジティブに捉える」という気持ちに自然に切り替えられるようになり、日々の中でのストレスを感じなくなりました。（Y・Mさん／女性）

ドラゴン・メッセージで本来の自分に気づいてから、それまで医者として勤めていた病院を退職し独立。いまは自分が本当に伝えたいと思っていた「呼吸と健康」について講演をするようになりました。

（J・Nさん／女性）

上司が「ワールドクラスのリーダーシップをもてる人」という話をしたときに、みんなは「そんなのムリ」と言っている中、「ああ、私はできる」「イケる」という気持ちになっている自分がいて、自己肯定感が上がりました。（Y・Kさん／女性）

このように、**わずか1か月でもこれだけの成果を実感してもらえるのが、このドラゴン・メッセージなのです。**しかもやってもらったのはただ、毎日11個のドラゴン・メッセージを読んでもらうことだけ。

この感想にもたびたび出てくるように、**ドラゴン・メッセージはひと言で言うと「本来の自分」を呼び覚ますためのメッセージ。**

最初はこんなの自分ではない……と感じるようなメッセージも、しだいに「そうだ、これが自分だった！」と思い出すこともあります。

また、嫌いだと思って封印しようとしていた性格が、じつは「自分にとっては宝物のような性格だった」ということがわかってくるのです。

「本当の自分をあなたの人生に登場させる」。たったそれだけで、人生は勝手に好循環を始めます。

じつは本来のあなたをしっかりと発揮していれば、人生はそれほど難しくはありません。ですが、本当のあなたを人生に登場させるには、十把一絡《ひとから》げな成功法則や自己啓発では限界があります。

ここに占星術の極めて優れた点が見えてきます。

占星術は、あなたの生年月日からあなたに合ったパーソナルな情報を提供することを可能にする叡智なので、あなたに相応しいメッセージをお伝えすることを可能にしてくれるのです。

Prologue

ドラゴン・メッセージは、「本来のあなた」が隠されている宝箱を開けるための、秘密のカギです。

本来の自分に気づいたとき、あなたの可能性は無限大に広がり、この一生で本当に成し遂げなくてはいけないことを実現することができます。

そのための最初の一歩。「本当のあなたに出会う」というとても簡単な、でも人生で最大にインパクトのある体験を、本書を通してご案内します。

さあ、ではご一緒しましょう。
ドラゴン・メッセージの世界へようこそ。

人生が攻略できる11のドラゴン・メッセージ　目次

Contents

Chapter 2

ドラゴン・メッセージで「本当の自分」の力を発揮せよ！

Contents

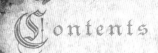

Chapter 3
魅力がアップし、人生が勝手に上手くいくドラゴン・メッセージ活用術

Contents

Chapter 4

人間関係を攻略するドラゴン・シナストリー

Contents

Secret Chapter

ドラゴン・シークレット「あなたが伝説になる」

Contents

ブックデザイン　八木美枝（yotto）
イラスト　竹熊ゴオル
本文ＤＴＰ　朝日メディアインターナショナル
編集協力　株式会社ぷれす
企画協力　ブックオリティ
編集　金子尚美（サンマーク出版）

Chapter 1

偉人たちが活用した秘密のツール

DRAGON MESSAGE

占星術が「当たる人」と「当たらない人」の違いは？

「幸せに成功している人ほど、占星術はよく当たるんですよ」

これは、いつもクライアントに伝えている言葉。

じつは、これまで３０００を超す人たちの人生を占星術で見てきた結果、僕が心から確信していることです。

幸せに成功している人ほど、占星術はとてもよく当たります。

そういう人は、人生というゲームを楽しむようにワクワクしながら生きています。

逆に、占星術がまったく当たらない人もいます。

そういう人ほど、「生きていくのがつらいです」「人生がとても難しいです」と言い、とても難易度の高い人生ゲームをしているかのように生きています。

この両者の違いはいったい何なのでしょうか?

答えはたったひとつ。

「本当の自分」で生きることができているかどうか。この一点だけの違いです。

僕のクライアントに、40代半ばで結婚の相手が見つからなくて、悩んでいる男性がいました。

彼は、その年になるまで満足に女性とお付き合いをしたこともなかったそうです。さらに若いときに対人関係で失敗したことで、積極的に人と話すことが得意ではありません。

典型的な「占星術がまったく当たらない」タイプの人で、人生をとても難しく生きている人だったのです。

そこで、この男性が幸せに成功するにはどうすればよいのか、生年月日を聞いて調べてみると、東洋占星術では「九紫火星」で、西洋占星術では「蠍座《さそりざ》」でした。

これを、**ドラゴン占星術「ドラゴン・メッセージ」の視点で僕なりに解釈すると、「好きなファッションを見つけてオシャレをしているかどうか」が、自分らしく生きるためのポイントのひとつである**ということがわかったのです。

言うまでもなく、彼はオシャレとはほど遠いファッションをしていましたので、まずは見た目を改造するようアドバイスをしました。

ファッション・コーディネーターのプロをご紹介して、本当に好きな服を選んでもらい、ヘアースタイルや眼鏡にもこだわってもらいました。さらに、本人の希望もあってスポーツジムで軽く筋肉も付けてもらいました。

最初は「僕がオシャレをするなんて……」と抵抗をしていましたが、途中からはノリノリで楽しくなっていたようです。

こういう現象はよくあることで、**自分の人生に遠慮をしていた人が「自分もそんなことやっていいんだ！」と「本来の自分」に気づきはじめ楽しくなってくるのです。**

人生ゲームの攻略のコツが、ちょっと見えてきた瞬間ですね。

「本来の自分」を出せると人生が短期間で驚くほど変わる

彼のその後は……。

見た目がとてもステキになったのは当然ですが、それだけではなくご本人に「自信」が生まれてきました。

人は、本来の自分を出せるようになると自然と自信が生まれてきます。

オシャレになったのだから、自信が生まれるのは当然じゃないかと思う人もいるかもしれません。でも、ちょっと考えてみてください。あなたの周りにも、ファッションにこだわっていない人でも、自信に満ちている人はたくさんいますよね。

つまり、自信がもてるようになるポイントは人によってさまざま。

この男性は、たまたま「見た目をよくすることで自信に繋《つな》がる人」だったのです。

結果的に、現在彼は、結婚を前提にした真剣な交際をしています。

1年にも満たない短期間で積年の悩みから解放されたのです。

それだけでなく、会社でも重要なプロジェクトを任されるようになったそうで、公私ともに充実しはじめています。

このように本来の自分を生きるようになると幸せに成功する人へと変化し、ハードモードだったはずの人生が、「人生ってこんなに簡単だったんだ」というイージーモードの人生へと転換してしまうのです。

9割以上の人たちが
ハマっている人生ゲームの罠

さあ、ここで質問です。

あなたにとっての「本当の自分らしさ」をひとつ挙げてください。

この質問にパッと答えられる人は、おそらく多くはないはずです。

なぜなら、**人生は真面目に素直に生きるほどに、自分らしさがわからなくなるように設定されているからです。**

自分で感じる幸せよりも、他者から認められたり、賞賛されたりする方が重要なのだと、錯覚させられているのが一般の人の人生なのです。


たとえば、収入がわかりやすいですね。

本当の自分は、生活できるだけのお金があれば幸せと思っていても、世間では「最低でも年収1000万円ないと負け組」というような声が聞こえてきて、もっと稼がなくては……と自分らしくない努力を始めてしまいます。その結果、自分ではない自分の人生を生きてしまい、生きていくのがつらい……と感じるようになります。

これは完全に自分らしさを見失っている状態なので、このままだと幸せな人生を送るのはかなり難しいでしょう。

これが世の中の9割以上の人たちがハマっている、人生ゲームの罠《わな》です。

こんな罠だらけの世の中でも、他者の目を気にせず、自分らしく生きることができるのは相当ワガママな性格の人たちです（笑）。

成功者は人生を攻略するコツを知っている

たとえば、**ソフトバンクの孫正義氏**のキャラクターは、あまり遠慮などしないイメージですよね。ＮＴＴがソフトバンクにインターネットの回線を開かなかったときには、総務省に怒鳴り込んで課長の机をバンバンたたきながら「回線が開かなかったらここで灯油をかぶって死ぬ！」と抗議をした逸話はとても有名です。

また、**現アメリカ大統領のトランプ氏**も「アメリカ・ファースト」と言い切って、国をあげてのワガママっぷりを全世界に披露しています。

なぜ、これほどすがすがしいまでに他者の目を気にせず生きられるのかというと、自分の人生に遠慮せず、**自分らしく生き抜くことが人生を攻略するコツだと知っているからです。**

また、自分らしさをシッカリと理解していることも重要なポイントでしょう。

この2人の成功者のように自分らしさをちゃんと理解し、自分の人生をどうどうと生きるための手っ取り早い方法が、占星術という人生の攻略法を活用することです。

これは、〝人生のチート行為（裏技行為）〟と言っても過言ではないでしょう。

真面目な人は、「そんな裏技行為はズルイ！」と思うかもしれません。

でも、**占星術は私たちの先祖が過去４０００年以上かけて作り上げてきた人類の叡《えい》智《ち》。**歴史に名を残す天才たちが必死に研究してきた究極のツールです。これを使わないというのは、逆に失礼な行為ではないでしょうか。

東京から大阪へ出張する際に、目の前に新幹線のチケットを用意してもらっているのに、徒歩で向かおうとする人はいないでしょう。

新幹線や占星術のような、**人類が生み出した素晴らしいツールは上手《うま》く活用した方**

が、あなたの人生をより豊かにしてくれるのです。

占星術という人生攻略法を活用して、1日も早くあなたの「自分らしさ」を取り戻し、幸せに成功する人生を体験してください。

孔子やアリストテレスなど「東西の賢人」が研究しつづけた帝王学

占星術とひと口にいっても、いろいろな種類があります。

朝のニュース番組でも取り上げられる12星座占いは、「西洋占星術」をもとに作られた占い。

年賀状でよく目にする、「ねずみ年」「うま年」などの十二支は、「東洋占星術」をもとに作られています。

占星術というからには、れっきとした天文学。

太陽や、地球の自転や公転、そして木星や土星などの天体の位置を正確に計測することで、主に時間や季節の変化の判断に活用されてきました。

起源をたどると、占星術は4000年以上も前に作られたものだといわれていますが、**一説にはもっと古い可能性もあってじつはよくわかっていません。**

また、占星術は季節の判断以外にも、国家の行く末や戦争の時期を予測することに使われてきましたので、**帝王学のひとつとしても扱われてきた歴史があります。**

だからこそ、時の天才たちが必死に研究した題材でもあったのです。

何といっても占星術の結果で、国の命運が決まってしまうわけですから、研究も命がけです。

では、どのような天才たちが占星術の研究に関わってきたのか、プロローグでもお話ししましたが、もう一度お伝えしますね。

東洋占星術ではかの有名な孔子です。

孔子は、アジアの思想の基礎を作った人物といわれるほどの偉人。そして一方で、東洋占星術の基礎となる理論を、誰にでもわかりやすく活用できるようにまとめた人物でもあります。

また西洋では、「万学の祖」といわれる**西洋最大の哲学者のひとりのアリストテレスが西洋占星術の原型を作り、天文学者のプトレマイオスが占星術の基礎を作りました。**


東洋・西洋いずれの賢人も、現代の思想の基礎を作った天才です。

その両者が占星術の魅力に着目し、人類がよりよく発展するための可能性を見出《みいだ》し研究しつづけたのです。

孔子もアリストテレスも紀元前の人物ですが、その後現代までの約2000年間でさまざまな天才たちが占星術の研究を進め、数千年分の膨大な量のビッグデータをもとに、現在の解釈まで落とし込んだのがいまの占星術の姿なのです。

なぜ、宇宙の惑星が人生に影響するのか？

占星術では、生年月日や生まれた時間、生まれた場所まで計算に入れて、その人の性格や運勢を読み解きます。

なぜなら、**生まれた瞬間の宇宙に浮かぶ惑星の配置は、人生の設計図である**という発想だからです。

ですから、太陽や木星、土星などの惑星がどこにあったときに生まれているかが、とても重要なのです。

でも、そもそも宇宙に浮かんでいる木星や土星の動きが「なぜ地球に住む僕たちの人生に影響するの？」と不思議になりますよね。

残念ながら、この件について完全なエビデンス（科学的論証）を用意して説明することはできません。ですが、僕たちがよく目にする「月の動き」が地球の自然や生活にとても影響していることはよく知られています。

潮の満ち引きは月の運行によって変化しますし、僕たち人間の感情の変化にも影響を与えるといわれています。

また、女性の生理周期も月の周期と一致しているというのは有名な話ですね。

地球のおよそ4分の1の大きさしかない月の動きでさえ、地球に住む僕たちに影響を与えています。**地球の10倍ほどの大きさの木星や土星が、地球に何らかの影響を与えていてもおかしくないと思いませんか?**

もし仮に、惑星の動きが地球に影響しているのだとしたら……という仮説のもと、古今東西の天才たちによって研究されてきたのが占星術なのです。

その研究と膨大なビッグデータから導き出された統計的な判断の結果、現代の占星術はかなり洗練された知識になってきました。

占星術は、人生にとってもっとも役に立つツールになることは間違いありませんし、それは僕がこれまで数多くのクライアントに提供してきて確信をもっています。

おそらく、これから科学がさらに進化したその先には、占星術の影響が証明されるときがくるでしょう。

東洋占星術は「人間のキャラクター」、西洋占星術は「装備すべき武器」

占星術は、生年月日から本当の自分に気づかせてくれる、この世で唯一の便利なツールです。**そんな便利ツールも一点だけ大きな欠点があります。**それは東洋の占星術と西洋の占星術とで、見事にスパッと分かれてしまっている点です。

じつは、東洋占星術と西洋占星術では得意なフィールドに違いがあります。

東洋占星術では、主に「生き方・人格」といった「心の傾向」を解釈しています。

どうすれば周りの人と仲良く協力して、なおかつ自分らしく生きていくことができるかというフィールドが得意分野になります。

一方で、**西洋占星術では「成功・リーダーシップ」といった、社会で上手く生きていくための「処世術」的なニュアンスを教えてくれる傾向が強いのです。**


極端に言えば、つぎのように想像するとわかりやすいでしょう。


東洋占星術は、「人間のキャラクター」

西洋占星術は、その人間が「装備すべき武器」


せっかく性能のよい武器を持っているのに、その戦士が弱虫だったら活躍ができませんね。**勇気をもった戦士がよい武器を持つからこそ、強敵を倒せるのです。**

じつは、このような悲劇は現実の世界ではよくあります。

英語のＴＯＥＩＣなどで高得点を取っているのに、外国人とコミュニケーションをとる勇気がなくて、まったく話せない……という人を見たことがあります。

これは、**人格のレベルと武器のレベルのミスマッチが起きてしまっている残念なパ**

ターンですが、こういうケースはよくあるのです。

これは東洋占星術か、西洋占星術かのどちらかだけでアドバイスすることにとてもよく似ています。

西洋占星術の生まれた背景には、砂漠の中でオアシスや獲物を見つけるためにひとりのリーダーが民衆を引っ張っていく、いわゆる「モーセがユダヤ人を引き連れて移動した」というような文化的背景があります。

能力の秀でたリーダーの采配ひとつで、集団全体が生きるか死ぬかが問われる中で生まれた西洋占星術。だから、**「リーダーシップ」としてのあり方に重点が置かれています。**

一方、東洋では、農耕民族としての生活が主流だったので、リーダーシップよりは、**集団としての和を重んじるという文化的背景の中で東洋占星術は生まれてきました。**

その中で重要視されたのが、**道徳的な「人としてのあり方」だったのです。**

これから活躍する人は東洋と西洋を融合させた人格者

この西洋的な勝利するためのリーダーシップの視点と、東洋的な和を重視する道徳的な視点のどちらが人生において重要でしょうか？

当然、どちらも重要です。特にこれからの時代を考えると、東洋だけ、西洋だけという発想はちょっと古くさいですよね。

やはり**東洋と西洋の両方のよい点を融合させた人格者こそが、これからの時代で活躍する人になります。**

そこで僕は東洋占星術の優れた点と、西洋占星術の優れた点の中から、無駄をそぎ落とし、**魂ともいえる究極に洗練させたコアな部分だけを言語化し、どなたでも活用しやすいようにメッセージ化しました。**

そのメッセージはあなたの生年月日から導き出されるので、**あなたにピッタリと合った人生の設計図となる内容で、11個のメッセージでまとめられています。**

このメッセージは、単純に東洋と西洋の占星術を組み合わせたものではありません。じつは東洋占星術と西洋占星術は、まったく違う文化で生まれたにもかかわらず、共通するポイントがいくつかあります。

その共通ポイントを中心にメッセージ化することで、東洋と西洋の占星術が上手く寄り添った、理想的な形へと作り上げることができたのです。

この11のメッセージがあれば、あなたは本来の自分らしさを取り戻し、**最短ルートで幸せに成功することができるようになります。**

東西の過去4000年間の人類の知恵の結集によって完成した究極の11のメッセージ。**これを「ドラゴン・メッセージ」と名付けることにしました。**

東西のドラゴンが「ウロボロスの輪」になるとき優れた知恵へ変化する

ドラゴンは東洋でも西洋でも登場する伝説の生物ですが、いずれも人知を超えた存在です。

ドラゴン・メッセージは、東西のドラゴンがウロボロスの輪のように繋がって、ひとつになり、そこで初めて優れた知恵へと変化することを表しています。

ドラゴン・メッセージを実際に活用して生活を送ると、さまざまな効果が人生に現れてきます。

その最大の効果は、「自信がつく」という点でしょう。自分に自信をもてているときというのは、もっとも自然体になっているときといえます。

なぜなら自分を信頼し、自分の人生にも信頼がおけるので、**人生でどのようなこと**

が起きてもすべて上手くいくと心の底から思えている状態になるからです。

あなたにはこのドラゴン・メッセージを早く活用して、早く自分らしさを取り戻してほしいと思います。

その点において、じつは僕は少々焦りを覚えています。

なぜなら、くわしくはつぎの項でお伝えしますが、**この先の時代を考えると、「自分らしさを確立した個人」でないと、生きていくことがさらに難しくなるからです。**

むしろ、現時点でもうすでにその傾向は出ていて、まったく名もない個人がインターネットを使うだけで突然有名人になれてしまう時代が始まっています。

あなたも、YouTubeなどで素人が活躍している動画をご覧になったことがあると思います。

こんなことはまだまだ序章で、これからもっと「個人」に対してスポットライトが当たる傾向が強くなっていくでしょう。そのときに、あなたが「自分は何者か?」を言えないことは致命的な状況になっていきます。

だからこそ1日も早く自分らしさを取り戻して、本来のあなたの人生を生きることが重要なのです。

それを実現するために、ドラゴン・メッセージはあなたの人生の最有力のツールになってくれるはずです。

時代を読むことなくしては成功せず

「ドラゴン・メッセージを早く使ってみたい！」と感じているかもしれませんが、少し待ってください。

占星術において、人生を幸せに発展させるためには、自分のことを知るだけではダメなのです。**これは占い大好きな人たちがよくハマる落とし穴なのですが、自分のことと同じくらいに知っておくべき「大切なこと」がもうひとつあります。**

それは、「時代の流れ」を知ることです。

せっかくあなたがドラゴン・メッセージによってあなたらしさを発揮して活躍しよ

うとしても、**時代にまったく合っていない方法を選んでしまっては活躍できるはずもありませんね。**

たとえば、これから10年後になくなる仕事で、上位にある職業のひとつにネイリストがあります。

あなたの目的がお金持ちになることだった場合に、あなたがたとえ器用にネイルを描けるスキルをもっているとしても、いまからネイリストとして活躍しお金持ちになるのは、時代的にかなりハードルが高いことは想像しやすいでしょう。

もちろん、ネイルのスキルが悪いのではなく、もしあなたが、人よりも活躍しお金をたくさん稼ぎたいのだとしたら、これからの時代を見越した職業を選択する必要があるということです。

ドラゴン・メッセージの効果を最大化するためには、**いまの社会のこと、そしてこれからの時代のことを理解した上で、あなたの「自分らしさ」を発揮する必要があります。**

そのためにChapter 5では、時代の流れについても詳細にお伝えしますが、ここでも簡単にこれから起きるであろう近未来の傾向をご紹介しておきます。

もちろん、僕がお伝えする未来は占星術を駆使した、常識では知ることのできない未来になります。

大チャンス！ 資本主義の終焉、そして自立の時代へ

占星術には、「およそ２００年ごとに時代が大きく切り替わる」という考え方があります。

この視点で見てみると、前回の時代の切り替わりは１８４０年頃でした。

この頃を振り返ってみると、ちょうど世界の流れが切り替わったタイミングに合致していて、個人が資産をもつことをよしとする資本主義経済が花開いたタイミングでした。

つまり1840年代から「お金が主役」になり、お金をたくさん持っていれば、贅《ぜい》沢《たく》もできるし、楽しいこともできるし、社会的信用も得られるという、お金が主役の時代になったのです。

あなたもつい口癖で、「お金がたくさんあったらな」とか「どうやったらお金持ちになれるのかな」とか、言ってしまうことがありますよね？

僕も毎日のように言っていましたが、これは「お金が主役」だったからこその発言で、**そんな時代はもうすぐ終わりを迎えます。**

ではつぎの切り替わりはいつなのかというと……**2020年12月です。このときをもって、これまでの200年間を終えて新しい時代に切り替わります。**

つぎは、どのような時代になるのでしょうか？

「お金が主役」だったこれまでの時代は終わりを迎え、「あなた自身が主役」へとシフトします。

あなたがどこの国の人で、どこの企業に勤めているのかは重要ではなくなり、**あなた自身が何者で、何を考えている人物なのかが重要になります。**

そのためにも、あなたは国や組織に頼ることなく、「自立」できている人物でないと、これからの時代での活躍は難しくなるでしょう。

つまり、本書でお伝えする「自分らしさ」を発揮してこそ、活躍ができるようになる時代なのです。

これは大チャンスです。

なぜなら、あなたはもうこれからの時代の変化の傾向を知りました。

そして、あなたを時代の主役にするためのドラゴン・メッセージをもっています。

時代を理解し、そして自分自身を理解するツールも手にしていることで、とても有利な位置に立っているのです。

この状況を上手く活用して、あなたらしく、さらに活躍してしまいましょう！

「力ある善人」が、幸せに成功している人たちのマインド

先ほどもお伝えしたようにドラゴン・メッセージは東洋占星術と西洋占星術の両方の視点から導き出されています。

この東西の融合こそが、あなたを成功者マインドに導く最大の秘密なのです！

つぎのような傾向は日本人に多いと思います。

そつなく無難で、要領よく仕事能力があって、大きく間違えたこともしないし、他者に対しても親切だし、依頼されたことは自己犠牲的に努力してしまう。いわゆる「善人」ですね。

でも、善人なだけでは、残念ながらこの世の中では、幸せに成功することは難しいのが現実です。

善人なだけではなく、人や社会をよくする「力」ももつ必要があります。

そう、**「力ある善人」が、幸せに成功している人たちのマインドであるといえるでしょう。**

日本を代表する経営者のひとりに、**本田技研工業を創設した本田宗一郎氏**がいますが、彼は開発者としても経営者としても優れた力をもった人物でした。

しかしそれと同時に、出会った人を短期間で魅了する、優れた人格者でもあったのです。

社員研修で泊まった宿泊施設の従業員たちが、数日で本田氏に魅了されてしまったという逸話があります。帰宅の際には、施設の従業員の多くに涙を流して別れを惜しまれたそうです。

極端な例なので、自分とは別次元の話のように聞こえるかもしれませんが、**あなたをこのような「力ある善人」に導いてくれるのが、東洋占星術と西洋占星術を融合して完成させたドラゴン・メッセージなのです。**

Chapter 2

ドラゴン・メッセージで「本当の自分」の力を発揮せよ！

DRAGON MESSAGE

When dragons from the east and the west unite and become a "wheel of Ouroboros", it forms a magnificent wisdom.

人格力と成功力が「力ある善人」を作る

ドラゴン・メッセージは、東洋占星術と西洋占星術の2つが組み合わさっていますが、ひとつは東洋占星術のひとつである「九星気学」。

そしてもうひとつは、12星座でお馴染《なじ》みの「西洋占星術」を組み合わせたものです。

九星気学が教えてくれる情報は主に「人格力」です。

そして、西洋占星術が教えてくれる情報は主に「成功力」になります。

同じ占星術でも、東洋と西洋では作られた文化的背景がまったく違うので、占星術で導き出せる答えにも違いが出てきます。

そのため、2つを融合し生年月日から導き出すメッセージは、あなたに合ったパーソナルな「力ある善人」のマインドを教えてくれるよいツールといえるのです。

世の中にはいろいろな人がいますから、人生もまたさまざまで、発生する問題も多様です。そのため、僕がクライアントにコンサルティングをする場合は、占星術の膨大な情報の中から選び抜いてお伝えする必要があります。

ですが……少し種明かしをすると、じつは僕の頭の中はそれほど複雑な作業をしていません。

クライアントのみなさまに怒られそうですが、どんな人生の悩みを相談されていても、僕の頭の中にある占星術の情報はドラゴン・メッセージが中心で、あまりゴチャゴチャ考えていません（笑）。

極端に言うと、人生のどのような問題もドラゴン・メッセージの実践さえできていればすべて解決してしまうと思っています。

とてもシンプルでありながらも、それほどまでにバツグンの効果で人生を好転させてしまう力をもっているツールなのです。

もし来世があるとして、ひとつだけ知恵をもっていってよいとされるなら、僕は間違いなくドラゴン・メッセージをもっていきます。

自分に自信がもてないときも、自分が何をする人物かわからないときも、人生の難問にぶつかってしまったときも、ドラゴン・メッセージに立ち返ることで、自分らしく幸せに人生を送ることができるようになります。

そんな秘密のツールをこれからあなたにもお伝えします。

とてもシンプルな文章で書かれています。

ですが、シンプルだからこそ深みがあり、どこまでも研ぎ澄ますことのできる、あなたの大切な財産であると思ってください。

さあ、誕生日からあなたの
ドラゴン・メッセージをチェックしよう！

ではいよいよ、あなたのドラゴン・メッセージを知っていただきます。

必要なのはあなたの生年月日です。まず、巻末の星・星座一覧（259ページ）か

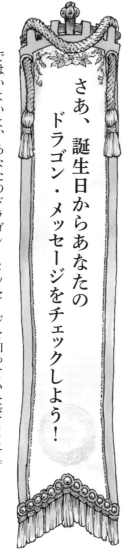

ら東洋占星術の星と、西洋占星術の星座を調べてください。

あなたの11のドラゴン・メッセージの見つけ方

❶東洋占星術の「九星気学」からあなたの星を探す

68ページの「東洋占星術が教える『人格力』を身につける6つのメッセージ」から、あなたの星を見つけ6つのメッセージを確認してください。

❷西洋占星術の「12星座」からあなたの星座を探す

86ページの「西洋占星術が教える『成功力』を身につける5つのメッセージ」から、あなたの星座を見つけ5つのメッセージを確認してください。

❸ ①②のメッセージを併せたものが「あなたのドラゴン・メッセージ」

①②のメッセージを併せた11のメッセージが、あなたが本来もって生まれた性質です。そして、あなたのドラゴン・メッセージになります（257ページのURLからダウンロードすることもできます）。使い方は、Chapter 3から。

東洋占星術では「人格力」として6つのメッセージ。

そして西洋占星術からは「成功力」として5つのメッセージ。

この東西の2つのメッセージを合計した11のメッセージが、ドラゴン・メッセージとなります。

ドラゴン・メッセージこそ「本当の自分」だった

ここで、あなたにぜひ覚えておいてほしい言葉があります。

ドラゴン・メッセージを読むのにこれを知っているのと知らないのとでは、あなたの人生が向上する効果は天と地ほども差が出てきます。

ですから、この言葉を必ず覚えておいてください。

「ドラゴン・メッセージ＝あなた自身」です。

先ほどもお伝えしたように、ドラゴン・メッセージはあなたの生年月日から導き出していますので、いわばあなたの人生の設計図です。

これは僕の考えたアドバイスや、天から降ってきた言葉であなたを従わせようとしているのではありません。

あなたが、もともって生まれてきたものをメッセージにしたのが、ドラゴン・メッセージなのです。

ドラゴン・メッセージはあなた自身を言語化しているだけのものですから、**客観的に読むのではなく、「自分事」として読んでみてくださいね。**

では、さっそくあなたのドラゴン・メッセージを導き出してみましょう。

このドラゴン・メッセージの具体的な使い方は、Chapter 3からお伝えしますが、まずは、あなたにどのようなメッセージが送られているのかを、チェックしてみてください。

東洋占星術が教える「人格力」を身につける6つのメッセージ

「一白水星」のあなたの人格力

□ 1【苦労からの逆転】……大変な苦労を、その後の大きな成功へと転換させる気質があり、常に前向きに考え行動する。その結果、悩みをもった人が相談に多く集まる。

□ 2【ご縁を生み出す】……人とのご縁を生み出すのがとても上手で、よい噂《うわさ》が広がり自然と周りに人が集まる人格者である。

□ 3【頭脳がクリア】……情報を集める能力が高く、重要なことはメモを取り、質の高い睡眠をとって常に頭脳をクリアにしている。

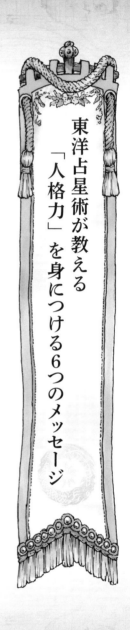

□4【成長させる才能】……一滴の小さなチャンスを見逃さずにキャッチし、時間をかけて大きな成果物へと成長させる。また人や物を育てる能力をもつ。

□5【人の本心を知る】……人の話の裏を考え、深読みする能力があり、本心を読み当てる才能に恵まれる。人を説得する策士としても優秀である。

□6【人間関係が継続】……水の広がりのように人間関係を拡大させ、自分にも他人にもほめ言葉が多く、関係が切れづらく長い付き合いになる。

「一白水星」らしさへのワンポイントアドバイス

自分が、右記の1にある、苦労を成功へと転換させる天才であると認識すること。**「苦労が始まったら成功への一歩が始まった」と思える一白水星は強い。**2と6にある、人との交流が最重要な星なので人間関係は人生の優先事項の上位に置きたい。4にある、大きな成果が出ることを信じて焦らずに長期目線でドッシリと。

「二黒土星」のあなたの人格力

□ 1【人の役に立つ】……人から求められた役割を引き受け、人の役に立てることを喜びと思う気質があり、有能な働き者である。

□ 2【懐の広さ】……広い大地のように自信に満ちあふれており、すべてを受け入れる優しさと懐の広さがある人格者である。

□ 3【補佐とリーダーの両刀】…自分は目立つことなく人の補佐役に徹することができるが、他者からの推薦があればリーダーシップをとる気概もある。

□ 4【資産を蓄える天才】……物や情報、技術や人材、金銭などあらゆるものを集めて資産として蓄えることに喜びを感じる。

□5【積み重ねによる深い関係】…他者への地道な交流と営業力を備えており、ムダに思えるような積み重ねを通して人と深い関係性を作ることができる。

□6【時間をかけて育てる】…子どもや部下、資産や会社などあらゆるものを育てる能力に秀でていて、時間がかかっても妥協しない粘り強さがある。

「二黒土星」らしさへのワンポイントアドバイス

まずは6にある、あらゆるものを育む気質は自覚したい。育てる対象があるかないかは人生の豊かさを左右する。1のように、とても忙しく常に仕事をしている印象があるが、3にあるように、**自分からガツガツと前に出るのは二黒土星の人徳を下げる。**人の上に立つときや人の前に出るときは、周りからの推薦があるかないかで判断したい。

「三碧木星《さんぺき》」のあなたの人格力

□ 1【0から生み出す能力】……太陽が昇るようにゼロから生み出す能力があり、解決が難しい難問に光明を見出《みいだ》す知恵をもつ。

□ 2【伝える天才】……言葉で伝える職業に縁があり、教師・講演家・司会者・歌手などの適性をもっており、頭の回転がとても速いので臨機応変に話すことができる。

□ 3【迷いのない前進】……目標に向かって迷いなくまっすぐに突き進み、物事を大きく前進させ発展させていく能力をもつ。

□ 4【見えない努力】……隠れた努力をして、十分に準備を整えるがまん強さがあり、ベストなタイミングで結果を出すことができる。

□ 5【あふれる好奇心】……物事が完成する前から他のことに興味をもち、好奇心がエンドレスにわいて途切れることがない。

6【さまざまな人を集める】・良いも悪いもあわせもった、さまざまな人を大勢集める才能と人気運を発揮することができる。

「三碧木星」らしさへのワンポイントアドバイス

5にあるように、つぎつぎと興味が移り変わるので一貫性がないと感じるかもしれないが、**三碧木星は興味が多い方が人徳は高い。**6にある、どんな人にも好かれる気質があるので、人に偏見をもつと三碧木星は幸せから遠くなる。1にある、朝日のような輝きがある一方で、4にある、隠れた努力ができるかどうかが運命を分ける。がまん強さを身につけた三碧木星は成功する。

「四緑木星」のあなたの人格力

1【さわやかな人柄】……振る舞いや発言にクセがなくさわやかな人柄で、誰の心にもスッと入れる柔軟さがあり、よい噂が口コミで広がる。

□ 2【整える天才】……経済・精神・健康・人間関係などの不満や不安を解消し整えることができる才能をもち、常に部屋も机も整理整頓されている。

□ 3【従順な気質】……人や真理に対して従順になれるからこそ、他者も従いついてくる。嫌がらない気質が人を引き付け、目上からも好まれる。

□ 4【信用を得る】……約束を守るので人や社会からの信用を得やすく、たくさんの人と接するほどに信頼され、商売が繁栄する。

□ 5【世界中に友人】……時代のトレンドに敏感で、誰とでもフランクに世間話ができる気軽さがあり、世界中に友人や知人がいてよく連絡している。

□ 6【縁を引き寄せる】……笑顔と明るい表情で、人生に必要なさまざまなご縁を引き寄せる才能があり、得た財を他者に分け与え

果」の法則

著／坂本 貢一 訳

チンゲール、デール・カーネギーほ
成功哲学の祖たち」がもっとも影響を
伝説のバイブル。聖書に次いで一世紀以
あいだ、多くの人に読まれつづけている
的な超ロング・ベストセラー、初の完訳！

定価＝本体 1200 円＋税
978-4-7631-9509-8

「原因」と「結果」の法則
AS A MAN THINKETH
ジェームズ・アレン
JAMES ALLEN
愛されて10年。
「成功の秘訣から
人の生き方まで、
すべての原理が
ここにある」稲盛和夫氏
毎年、版を重ねて60万部突破！

生き方

稲盛和夫 著

大きな夢をかなえ、たしかな人生を歩むために一番大切なのは、人間として正しい生き方をすること。二つの世界的大企業・京セラとKDDIを創業した当代随一の経営者がすべての人に贈る、渾身の人生哲学！

定価＝本体 1700 円＋税
978-4-7631-9543-2

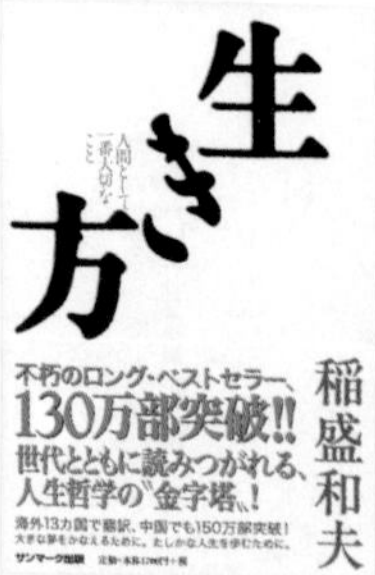

生き方
人間として一番大切なこと
稲盛和夫
不朽のロング・ベストセラー、
130万部突破!!
世代とともに読みつがれる、
人生哲学の"金字塔"！
海外13カ国で翻訳、中国でも150万部突破！

スタンフォード式　最高の睡眠

西野精治 著

睡眠研究の世界最高峰、「スタンフォード大学」教授が伝授。
疲れがウソのようにとれるすごい眠り方！

定価＝本体 1500 円＋税
978-4-7631-3601-5

スタンフォード式
最高の睡眠
The Stanford Method for Ultimate Sound Sleep
西野精治
30万部突破！
「睡眠負債」の実態と対策に迫った
眠りの研究、最前線！
テレビで大反響
睡眠本の超決定版！

の電子書店で購読できます！

tore BookLive! honto BOOK☆WALKER GALAPAGOS STORE ほか

る布施の精神をもつ。

「四緑木星」らしさへのワンポイントアドバイス

5にあるフランクさ、1にあるさわやかさ、4にある人からの信頼、そして6にある縁。**このように四緑木星は人との関係作りのプロで、チャンスは人から来る。**その気質を最大限に発揮しているかどうかで人生の質が大きく変わる。5にある、社会の流れや変化を読み取る能力をしっかりと磨いていれば、成功しないことはあり得ない。

「五黄土星」のあなたの人格力

□ 1【王の素質】……………責任感と確かな実力から生まれる優しさが表情に出てくると、周囲を支配するほどの強い影響力を発揮する王の気質をもっている。

□ 2【強い影響力】……影響力が強いことを自覚し、だからこそ悪い影響を遠ざけ、よい影響を与える言動をこころがけている。

□ 3【自分がルール】……欲しいものがいつも明確で人生に迷いが少なく、集団の中では自分の考えや発言がルールになりやすい。

□ 4【実力主義者】……いつも見えない努力を継続しており、ツキや幸運に頼らないので確実な技術をもち、実力主義者の気質をもつ。

□ 5【師匠をもつ】……自分は動かず周りを動かす存在になるが、それにおごらず師匠と呼べるメンターのような存在がいて常に相談をしている。

□ 6【深い愛の持ち主】……人生を踏み外したり、心が傷ついたりしている人を立ち直らせる再生能力と、常に周りに人が集まる深い愛情をもっている。

「五黄土星」らしさへのワンポイントアドバイス

4にある実力、6にある愛。この2つが五黄土星の王者的素質を発揮させる。**愛に深く、いつも笑顔が絶えない五黄土星はかなり運勢が強いと思ってよい。**2や6にある気質から人生に挫折した人を立ち直らせる能力をもっているので、人からの相談が絶えない。3にあるように、他者はあなたにルールを示してほしいと思っていることを覚えておきたい。

「六白金星」のあなたの人格力

□ 1【大事業を始める】……何かを始めるときは周囲に宣言し、立場ある人から強力なサポートを得て大事業を始める大胆な精神をもつ。

□ 2【愛を言葉にのせる人格者】…目的のために動きを止めずに活動し、愛を言葉にすることで、天からの絶大な後押しを受ける人格者である。

□3【リーダーとしての気質】……広い視野と高いリーダーシップをもち、常に組織の中では長となる存在として活躍する。

□4【プロフェッショナル】……勉強も仕事も熱中して取り組む本物の実力者。何事もやる前からあきらめず、積極的に人生を切り開くプロフェッショナル性をもつ。

□5【偏見のない公平さ】……人に対して好き嫌いがなく、えこひいきすることを遠ざけ、すすんで人の役に立とうとする奉仕精神をもつ。

□6【人を傷つけない正義感】……人を傷つけるような発言を抑えながらも、愛をもって悪を正そうとする正義感をもち、それを実現する胆力をもっている。

「六白金星」らしさへのワンポイントアドバイス

何よりも、2にある天を味方にできる気質をもっていると自覚できるかがポイント。そのためにも、6にある発言には気を付けて。**常に愛のある言葉を発することで天が味方をしてくれる。**3と5にあるように、リーダーの気質があるので、現在は何かの長の立場ではなくても、他者から慕われるような行動をこころがけたい。

「七赤金星」のあなたの人格力

□ 1【金銭を扱う才能】……金銭を中心とした経済活動にセンスがあり、収入を増やすことにも使うことにも喜びを感じる、金銭の扱いが上手《うま》い人物。

□ 2【引き時を心得る先見性】……引き際の判断が鋭く、引退や切り替えのチャンスを見逃さない特異な先見性をもっている。

□ 3【喜び楽しむ天才】……不満をもらさず喜びを発言することで、周囲の人を明るく楽しませ、相手の心を豊かにする特性がある。

□4【愛されて富を得る】……愛嬌《あいきょう》で、欲しいものや必要なものは人材でも金銭でも容易に手に入れることができる、誰からも愛される気質をもつ。

□5【あっさりした考え方】……気質があっさりしており、実際には起きていないことを妄想して悩むことをしない。人生はシンプルであるほどに向上しやすい。

□6【欠点で愛される】……ほめ上手でほめられ上手。自分の欠点すらもポジティブに捉えて、欠点があるからこそかわいがられ信頼を得る強みをもつ。

「七赤金星」らしさへのワンポイントアドバイス

4にある愛嬌を自覚したい。6にあるように愛嬌は見た目の問題ではなく、少し欠点があるくらいでちょうどよく、それでこそ人からはかわいがられる。**だからこそ完璧を相手に求めたり、高圧的な態度をとったりすると自分らしさを損なう。**1と4にあるように、金銭には縁が強いし、他者からの融資も受けやすいので、融資してくれるような存在がいないなら七赤金星らしさがまだ弱い証拠といえる。

「八白土星」のあなたの人格力

□ 1【強みを発展させる才能】……他者や自分の強みに気づき発展させる才能があり、欠点には目を向けないので自他共にやる気を増大させる天才である。

□ 2【優れた教育者】……物事が悪い方向へと進んだときに止める力があり、曲がった生き方を正しい道へと戻す教育者的資質をもっている。

□ 3【強い目標達成力】……常に高いところからの視点をもっており、多くの人を従えて目標を達成するようなリーダーシップをとれる実力者。

□ 4【引き継ぎ能力】……人や組織がもつ資産や知識や技術を上手く引き継ぎ自分のものとし、さらに他者へと受け渡す能力にも秀でている。

□ 5【変化の天才】……常に柔軟な考えをもっており、変化すべきときは大胆な改革をする胆力があり、環境を変えるごとに人生を好転させる。

□ 6【後継者の気質】……実家や組織との縁が強く、家族や会社をとても大切にするので、結果的に相続者や後継者となる気質をもっている。

「八白土星」らしさへのワンポイントアドバイス

1と2にあるように、よいものを推し進める力と、悪いものを止める力をもっている。**この能力を発揮するためにも、ある程度の尊大な振る舞いはプラスになる。**とくに5にあるような、改革をする場合にはモジモジせずはっきりと言い切る必要がある。気弱な八白土星は、運勢が悪くなるだけでなく他者の迷惑にもなるので、自信をもってどうどうと人生を送るように意識しよう。

「九紫火星」のあなたの人格力

□ 1【出会いと別れの天才】……不要なものは手放し、必要なものを集めることが自然とできる人物であり、〝来る者拒まず、去る者追わず〟で人生が発展する。

□ 2【神仏と近い存在】……神仏など見えない世界への理解力が高く、いつも祈っており、また尊敬する人の存在が常に身近にある。

□ 3【華やかに目立つ】……常に気位が高く、華やかで注目を集める人気運をもち、役職や肩書きなどの社会的ステータスを上手く利用する。

□ 4【無邪気さで発展】……頭脳も心も常に明るく照らされていて、はしゃぐほどに人生が向上する性質があり、無邪気だからこそのインスピレーションを発揮する。

□ 5【判断力の正確さ】……相手を冷静に見る能力に優れ、洞察力も高いので、選択を正確にし判断は常に公平である。

□ 6【コントロールされた情熱】…心には強い情熱と共感力があり、時に争いの感情を生むが、怒りを抑える忍耐力を発揮すればよき指導者になる。

「九紫火星」らしさへのワンポイントアドバイス

3にあるように、**気位の高さ、つまりプライドはあなたにとってとても大切な意味をもち、目立つことも大切な要素。**日本人特有の三歩下がって……という教訓は忘れること。4にあるように、インスピレーションを大事にして無邪気さを意識することが大事。2にあるように、祈る対象があるとさらに直感力は磨かれる傾向がある。

西洋占星術が教える「成功力」を身につける5つのメッセージ

「牡《お》羊《ひつじ》座《ざ》」のあなたの成功力

□ 1【新しいことに飛び込む】……新しいことに飛び込む勇気と行動力があり、新しいムーブメントを生み出す能力がある。

□ 2【挑戦的な生き方】……常に若々しく、新しい発見や体験を求めており、挑戦的な人生を送っている。

□ 3【批判に動じない】……誰に批判されても動じることがなく、自分の信じた道を徹底して貫く精神力がある。

□ 4【理屈のない直感力】……メリット・デメリット、成功・失敗で物事を見ることなく、直感的で本能的な判断力と決断力が働く。

□ 5【困ったときは人を頼る】…人生に困ったときは、アドバイスを素直に受け取り、人に頼る心の余裕をもっている。

「牡羊座」らしさへのワンポイントアドバイス

1から4にある要素をまとめると、**勇気をもって未体験のことに飛び込むことで成功を手にする人**といえる。まさに、冒険漫画の主人公のようなイメージ。我が道を進んでいるが結果的に人が集まってくるようなら、あなたは牡羊座の能力を最大限発揮しているといえる。けっして孤独にはならない。

「牡牛座《おうしざ》」のあなたの成功力

□ 1【豊富な才能】……生まれもった多数の優れた才能を発掘することに喜びをもち、その可能性を深めつづける根気強さがある。

□ 2【五感の鋭さ】……身体感覚が鋭く正確で、情報よりも実際に経験したときの感覚を大切にし、五感を活用した仕事に適性をもつ。

□ 3【継続する才能】……ひとつのことを続けるしぶとい持久力があり、知識や経験を、確実に自分のものにする才能に恵まれている。

□ 4【物・金との良縁】……人以上に物との相性がよく、身の回りに好みのものを集めることや財運が高いことで、生活に余裕ができる。

□5【可能性の発掘】……ないものねだりをすることなく、自分の才能や身の回りにあるものの可能性を追求し、その潜在能力を発見する能力がある。

「牡牛座」らしさへのワンポイントアドバイス

五感を使った仕事全般に適性がある。味覚なら料理、触覚なら大工、聴覚なら音楽など。まずは、2にある五感の鋭さに関する可能性を探りたい。加えて1と3と5にある才能から、**もって生まれた能力を最大限発揮できるように地道な訓練をすることでプロフェッショナルになるのが牡牛座の天才性。**

「双子座」のあなたの成功力

□1【アイデア生産能力】……雑多な情報の中から整理・統合する才能に秀で、鋭いアイデアを導き出す高度な知性を有する。

□ 2【競争意識の強さ】……瞬間的な頭の回転が速く、討論に秀でた才能をもち、勝負の世界で勝ち抜く精神力に優れている。

□ 3【知能の活用】……知能の活用方法を際限なく掘り下げ、最先端の知識の可能性を見出す才能に恵まれている。

□ 4【好奇心が強く博識】……自分の精神や肉体が体験できるあらゆることに興味関心をもち、知識だけではなく経験的に博識になっていく。

□ 5【客観的な視点】……自分の考えに固執せず、他者の意見に耳を傾けて柔軟に変化する器の広さがあり、客観的に決断を下すことができる。

「双子座」らしさへのワンポイントアドバイス

やはり1や4のように、知識・情報を集める才能に特化させたい。**あなたにとって博識であることは最大の武器になり、集めた知識はあなたの人生の経験と融合して、優れた知恵やアイデアを生み出す源泉になる。**2のよう

に、競争することはあなたにとってポジティブ。積極的に活用しよう。

「蟹座《かにざ》」のあなたの成功力

□1【協力する能力】……ひとりよりも、本当に心が通った複数人が力を合わせることで、大きな結果を生み出す協力関係を作る能力がある。

□2【守る力】……大切と思った人や組織を育てる能力があり、侵害する外敵には攻撃してでも守る力をもっている。

□3【同じ価値観の集団】……同じ価値観をもった人を集め、たとえ小さくても自分に相応《ふさわ》しい世界を作り、リーダーシップを発揮する。

□4【量産する能力】……よいと感じた価値を他者にも共感させる能力をもち、量産して世に広げるブランディングの才能をもつ。

□5【共感する能力】……喜怒哀楽に敏感で、人に共感する能力が高く、悩みをもった人を集める能力がある。

「蟹座」らしさへのワンポイントアドバイス

1や5のように、**他者との共感力を上手く活用することがポイントで、4のようにあなたの考えやサービスを他者にも共感的に広げる能力をもつ。**そのためにも、人との関係性はとても重要で、コミュニティでのリーダーシップを発揮すれば可能性は大きく広がる。4を実現するための、価値観を共有させる押しの強さを発揮したい。

「獅子座《しし ざ》」のあなたの成功力

□1【体験から理解】……人から教えてもらうよりも、自分で作り上げる体験を通して、物事の本質を深いレベルで理解することできる。

□2【永遠に子ども心】……永遠の子どもっぽさをもっており、何歳になっても気持ちのうえで老けることがないので、冒険・恋愛・芸能・芸術関係で才能を発揮する。

□3【主人公で創造主】……あらゆる状況において自分が中心、その舞台での主人公だという意識が強く、小さな範囲でも創造主として活躍する。

□4【イメージを形にする】……創造や遊びの中で可能性を最大限に発揮し、生み出した作品を洗練させることで自信を付けていく。

□5【自己肯定感が高い】……他者に評価されなくても、その不安に打ち勝ち、自発的な行動や自己表現を、やり遂げる強い意志力がある。

「獅子座」らしさへのワンポイントアドバイス

まずは3にある主人公意識をもてているかどうかが重要。**あなたの場合は、**

遠慮をする前に自己主張を上手くできるようにするのが成功のコツ。1にあるように、人から学ぶよりも体験する方が吸収できるので、インプットが苦手な場合はここに原因があるかも。5にあるように、他者の賞賛を求めることから脱皮できた獅子座は強い！

「乙女座」のあなたの成功力

□ 1【自己コントロールの達人】…個人の完成を目指し、自己を完全にコントロールできるように訓練し、可能にする能力をもつ。

□ 2【霊性を高める】……本気になれば何でも実現できる自信をもち、さらなる自己完成を求め、霊性を理解し可能性を広げる。

□ 3【高い実務能力】……高い忍耐力に優れ、可能性の限界を突破するために多くの節制と反省を繰り返して有能な存在となる。

□ 4【分析的な判断】……細かいことに鋭さを発揮し、分析や統計等の客観的な視点で判断をするので、致命的な間違いを避けることができる。

□ 5【他者の役に立つ】……他者からの要求に完全に応えられるように、実用的な能力を身につけて、時には自己犠牲的に奉仕し人の役に立つ。

「乙女座」らしさへのワンポイントアドバイス

1のように、自分をコントロールすることに長《た》けているので、ここを特化させたい。そのモチベーションは自己満足よりは他者の要求に応えるところに反応する傾向があるので、**あなたにとって他者に喜ばれる有能な存在になることは、とてもポジティブ。**2の霊性まで活用した能力開発ができると、かなり乙女座の成功力を使いこなしていると言える。

「天秤座《てんびんざ》」のあなたの成功力

□ 1【人から学ぶ】……たくさんの他者との関わりの中で、自分が洗練され可能性が磨かれるので、毎日誰かと会うことでチャンスを得ている。

□ 2【明快な表現】……他者にもっとも認知させやすく、わかりやすい表現ができる能力をもつ。その結果、教師やインストラクターなどに適性をもつ。

□ 3【普遍的な知識の理解】……多くの人から得た客観的な知識を統合して、時代によって変化しない、人間の普遍的な哲学や知恵を導き出す。

□ 4【ご縁がチャンスを生む】……他者のご縁から願望が実現しやすい。吉凶ともに実現するので注意が必要だが、チャンスは向こうからやってくる。

□5【洗練された振る舞い】…誰からも好まれる理想的な立ち居振る舞いを確立し、どんな人とでも接するアクティブさと他者への興味がある。

「天秤座」らしさへのワンポイントアドバイス

1や4のように、他者と接することが成功のポイントになるが、感情的に共感するというよりは、**上手に他者をコントロールするというイメージの方が合っている。**だからこそ、5にある洗練された振る舞いを確立することが重要で、対面や営業のプロとしての素質をもつ。チャンスと成功は、他者と接したその先にあると考えるべし。

「蠍座《さそりざ》」のあなたの成功力

□ 1【巨大組織との適性】……人との絆《きずな》や人脈をまとめて組織化することで巨大な力を生み出し、社会に対し変革への意思を建設的に実現する。

□ 2【直感的アイデア】……常に精神的な成長を求めており、目に見えない力を吸収することで特異な霊性を向上させ、直感力を高める。

□ 3【カリスマ的改革者】……他者にカリスマ的な強い印象を与え、自分のやり方に巻き込み、自分も他者も根底から変革させる改革者。

□ 4【限界を超えた業績】……乗り越えられない障害を突破し、常識の壁を越え、常人では到底考えられないような業績を上げる可能性をもつ。

□ 5【能力吸収】……能力のある人と徹底して付き合うことで、その人の優れた点を受け継ぎ、自分の能力へと昇華させる才能をもっている。

「蠍座」らしさへのワンポイントアドバイス

5のように、**少数であっても能力がある人と接して、優れた点を自分のものにすることが重要。**4のように、徹底した努力は大きな成果を生むので、3のように、カリスマ的な立ち位置から人を導くことも可能。2と5を実現するにはエゴを捨てて、素直に人と接するのがコツになる。

「射手座」のあなたの成功力

□ 1【クセのない人格】……単純で物事にこだわらずクセのない人格をもつので人から好感をもたれやすく、いつも多くの人が集まってくる。

□ 2【勝負で力を発揮】……勝ち負けがはっきりしている勝負の世界においてエネルギーが最高潮に達し、チームで一致団結して勝利を得るためのリーダーとしての才能をもつ。

□ 3【カリスマ的な活躍】……達観した視点をもつので、多くの人の心の支えになる人物になりやすく、カリスマ的立ち位置で活躍する。

□ 4【飽くなき成長力】……人生において常にグレードアップを求め、高い成長欲求から他者を高揚させるリーダーシップを発揮する。

□ 5【高い精神性をもつ】……精神性の極みを目指す傾向が強く、宗教や哲学などの精神性の高い知識を理解する能力がある。

「射手座」らしさへのワンポイントアドバイス

4にある、**グレードアップを求める能力を最大限発揮させられるかがポ**

イント。そのためには、常に乗り越えるべきハードルが用意されている必要があり、すべてを達成したと感じてしまうと、途端にやる気がなくなる。5のように、哲学などゴールのない分野を突き詰めるのも最適。

「山羊座《やぎざ》」のあなたの成功力

□ 1【専門家として活躍】……高い専門性を有しやすく、協力精神にも競争精神にも恵まれ、常に努力することを忘れない。

□ 2【業界通の能力】……社会全体を見渡す能力に長けており、社会を熟知するほどに業界通になり勘が冴《さ》えて、有利な立場に立ちやすい。

□ 3【社会的な野心家】……ビジネスにおいては休みなく発展を目指し、弱肉強食の舞台で具体的な実力を発揮する、力強い野心家。

□4【組織の中での発言力】……集団や職場の環境に適合しやすく、最適な自分の立ち位置で可能性を開き、強い発言権をもつ。

□5【誠実な家族愛】…………ウソやごまかしを好まず、家族や仲間をとても大切にする優しさをもつ。

「山羊座」らしさへのワンポイントアドバイス

3にあるように、**野心家であることは山羊座のあなたにはポジティブに働く。**社会の中での自分の役目があり、それを実現することにモチベーションがわく。4のように、マネジメント能力を発揮しやすいのでリーダーシップは積極的に。5にある家族や仲間の存在は山羊座らしさを支える大切なポイントになる。

「水瓶座《みずがめざ》」のあなたの成功力

□1【トレンドを読む】……時代のトレンドを読む能力に長けており、先取りすることで有利な立場に立ちやすい。

□2【ビジョンで扇動する】……常識やルールに対して反抗心をもち、常に自由で新しいビジョンをかかげて他者を扇動する。

□3【グローバルな価値】……人類にとっての共通した普遍性を求めるので、ローカルではなく世界的に通用する価値を生み出すことができる。

□4【自立能力】……オールマイティな能力を磨くことで、企業や組織には依存せず、自立した個人として活躍をする。

□5【変革する能力】……友人との付き合いや集まりを重視し、利害を超えた協力関係を築き上げて、世の中を変革する力をもつ。

「水瓶座」らしさへのワンポイントアドバイス

4にある企業に依存しないというのは、自立した存在になるという意味なので、個人としての能力はオールマイティに向上する。1や2のように、**古い考えより新時代的な発想をもちやすいので、日本だけで活躍するよりは、3のように、世界を舞台にすることも視野に入れて。**5のように世の中を変革するのは水瓶座の役目。

「魚座」のあなたの成功力

□ 1【総合的な判断力】……この世で、本当に大切なものは何かということを常に意識し、もっとも総合的な視点から物事の評価を下せる人。

□ 2【達観した思考】……人生をトータルな視点で見つめる能力があり、スピリチュアルな分野に適性がある。達観した思考で判断をする。

□3【伝統とのご縁】……古来続く精神的な文化や学問、宗教に適性があり、それを受け継ぎ他者に広める能力をもつ。

□4【芸能・興行の適性】……ゲームなど娯楽を考案することに才能を発揮し、芸能・興行においての高い適性をもつ。

□5【イメージの具現化能力】……自分でイメージしたことを、現実に落とし込む能力をもつので、他者に夢を与える仕事で才能が開く。

「魚座」らしさへのワンポイントアドバイス

4や5のように、**イマジネーションを発揮することで成功の可能性を開く傾向が強い。**空想やファンタジーなど想像の産物は、あなたにとって武器になりやすい。また1や2のような達観した視点ももっているのでアドバイザーとしての適性もある。スピリチュアルな分野に大きな可能性をもっている。

スティーブ・ジョブズのドラゴン・メッセージとは？①

ドラゴン・メッセージを読んでみていかがでしたか？

「まさに自分のことを言っている」と思えたなら完璧です！

でも中には、「全然ピンとこないんだけど……」と、感じた人もいたかもしれませんね。

それでもまったく問題ありません。それどころか**違和感があった方ほど、これからの成長に期待できるので、自分は可能性の宝庫だと思ってください。**

「ドラゴン・メッセージ＝あなた自身」です。

ドラゴン・メッセージの内容が「あなたらしさ」となれば、人生はゴトッと音を立てるように幸せな方向へと切り替わっていきます。

とてもシンプルな文章で書かれているので、サラッと流せてしまいますが、**本気で**

活用すると、人があっと驚くような偉人にあなたもなれてしまう可能性があります。

活用方法は、つぎの章でお伝えしますが、ここで、みなさんもご存じの世界的偉人を、ドラゴン・メッセージを使ってひも解いてみましょう。

そのサンプルになっていただくのは、アップル創業者のスティーブ・ジョブズ氏です。彼がこの世に生み出したものは、iPhoneやiPod、Macなどさまざまなものがあります。あなたも、彼が生み出した商品や何らかのサービスを使ったことがあるのではないでしょうか？

世界を大きく変革させた、まさに偉人というに相応しい人物かと思いますが、ドラゴン・メッセージではどのような結果になるのか、一緒に見てみましょう。

ジョブズ氏の生年月日は、１９５５年2月24日です。

ですから、**東洋占星術では「九紫火星」、そして西洋占星術では「魚座」になります。**

先ほどお伝えした「九紫火星」と「魚座」のメッセージを読んでみてください。

「九紫火星」のドラゴン・メッセージを要約すると、直感力に優れ、未来を先取りする能力が高く、アクティブな発言力と存在感で、いつも華やかに目立っている印象を与えることも多い。そして、高い地位や名声を得やすい傾向があります。

また、出会いと別れが彼の人生にはとても多く、それによって人生を発展させた人物でもあります。

このように九紫火星を見てみると、まさにジョブズ氏といった内容になりますが、もちろん、彼をイメージしてドラゴン・メッセージを作ったのではありません。

ただ単に九紫火星の人の特徴をメッセージにしただけなのです。

これは言い換えると、**九紫火星に生まれた人はどなたでも、九紫火星の生き方を極めるとジョブズ氏のような活躍ができる可能性がある**ということになります。そうなったらすごいですね！

スティーブ・ジョブズのドラゴン・メッセージとは？②

つぎに、魚座の特徴を見てみましょう。

ドラゴン・メッセージにおいて西洋占星術では「成功力」を知ることができます。

つまり社会的に成功するための武器と考えてください。

では魚座のメッセージを要約してみましょう。

自分でイメージしたことを現実に落とし込む才能をもちます。また、どの星座よりも総合的な視点から物事の評価を下せる人です。

加えてスピリチュアルな適性も発揮しやすく、精神的な題材への理解も深い傾向があります。

先ほど見た九紫火星では、未来を先取りする能力をもっているとありましたが、その未来イメージを現実化させる能力がなければあまり意味がありません。

ですがジョブズ氏は、「魚座」という武器をもって生まれていますので、「九紫火星」の特性である未来を先取りしたイメージを、いち早く現実化させるということを実現していたのです。

そして「魚座」は、もっとも総合的な視点をもつことのできる人物になる傾向があります。ジョブズ氏はこの才能について、つぎのように、少々傲慢な態度で語っています。

「すべてを一番よく知っているのはこの私だ。だから、ユーザーが買う製品については、私がすべてをコントロールして当然だ」

まさに神にでもなったような発言ですが、**「魚座」という武器を突き詰めて活用すると自分は神かと錯覚するほどの高い視点と、確信に満ちた評価を下せるようになります。**

また、ジョブズ氏が瞑想《めいそう》を好んでいたというエピソードは、よく知られています。彼は、見えない世界に対しての理解力が高かったようです。

瞑想などで得られるインスピレーションが、彼のビジネスのアイデアの源泉になっていたことは言うまでもないでしょう。

これも、「魚座」を上手く武器として活用した例です。

このようにジョブズ氏のような偉人のドラゴン・メッセージを見ることで、彼らの「勝つコツ」が見えてきます。

もちろん本人はドラゴン・メッセージの存在を知りませんから、何度も自己対話を繰り返して、最大限結果を出せるポイントを自分自身で見つけ出したのでしょう。

世界的な偉人になるような人は、自分の特性をいち早く理解する嗅覚をもっていたのでしょうし、またその特性を高いレベルで活用できるまで発展させる努力をしたのです。

偉人たちがたどってきた「自分探しの時間」をショートカット！

あなたもせっかくこの世に生まれたのですから、不完全燃焼の人生は嫌ですよね。だからといって、偉人になってくださいとまでは言いませんが、他の人にはできない活躍や、社会や誰かのためになるような存在になりたいとは、誰しも思ったことがあると思います。

ですが、何らかの活躍をするためには、まずは自分のもって生まれた特性を正確に知る必要があります。

ジョブズ氏も、きっと自分のことをとてもよくわかっていたはずです。その上で最大限の努力と時間を費やして結果を出しました。

つまり、自分のもって生まれた特性を知らないことには、何らかの活躍をしたくて

も舞台にすら立てていないということになります。

僕たち凡人には、自分自身のことを正確に理解するのは、とても難しい作業です。しかも生まれたときからもっていた特性なんて、誰に聞いても教えてくれません。そんな僕たちのために、とんでもなく便利なツールとして生み出されたものが、占星術です。

そして、違う文化から生まれた東洋と西洋の占星術を融合して、さらに使いやすくまとめたのが、ドラゴン・メッセージなのです。

ドラゴン・メッセージを手にしたあなたは、偉人たちがたどってきた自分探しの時間を大幅にショートカットすることができました。

あとは、ドラゴン・メッセージにしたがって、その特性を磨いていけばよいのです。これでだいぶ人生がシンプルに簡単になったと思いませんか？

1日も早くあなたが自分らしさを取り戻して、本来すべき活躍ができるように、つぎの章からは具体的なドラゴン・メッセージの使い方をお伝えしていきます。

Chapter 3

魅力がアップし、人生が勝手に上手くいくドラゴン・メッセージ活用術

DRAGON MESSAGE

DRAGON MESSAGE

DRAGON MESSAGE

WHEN DRAGONS FROM THE EAST AND THE WEST UNITE AND BECOME A "WHEEL OF OUROBOROS", IT FORMS A MAGNIFICENT WISDOM.

人間関係の問題は「自分らしさがズレたとき」に起こる

人生においての三大悩みは、「人間関係」「お金（仕事）」「健康」といわれています。

ドラゴン・メッセージで、もっともわかりやすく変化するのは「人間関係」です。

あなたがあなたらしく人生を送っている状態は、じつは他者から見てもとてもシックリときますから、人間関係も良好になってきます。

たとえば、あなたの身近な人が、普段は明るい性格なのに、突然暗い顔をして目の前に現れたら「どうしたの？」と気になりますよね。

何か悩んでいるとしたら、それを話してくれればいいのですが、何も話してくれません。ただただずっと暗い顔をしているだけなのです。それが数日も続くと、最初は心配で気になっていましたが、段々と腹が立ってきませんか？　「早くいつものあな

郵便はがき

料金受取人払郵便

新宿北局承認

8503

差出有効期間
2022年 3 月
31日まで
切手を貼らずに
お出しください。

169-8790

154

東京都新宿区
高田馬場2-16-11
高田馬場216ビル 5 F

サンマーク出版愛読者係行

ご 住 所	〒　　　　都道府県	
フリガナ		☎
お 名 前		(　　　)
電子メールアドレス		

ご記入されたご住所、お名前、メールアドレスなどは企画の参考、企画用アンケートの依頼、および商品情報の案内の目的にのみ使用するもので、他の目的では使用いたしません。
尚、下記をご希望の方には無料で郵送いたしますので、□欄に✓印を記入し投函して下さい。
□サンマーク出版発行図書目録

1 お買い求めいただいた本の名。

2 本書をお読みになった感想。

3 お買い求めになった書店名。

市・区・郡　　　　　　町・村　　　　　　書店

4 本書をお買い求めになった動機は?

・書店で見て　　　　・人にすすめられて
・新聞広告を見て(朝日・読売・毎日・日経・その他＝　　　　)
・雑誌広告を見て(掲載誌＝　　　　)
・その他(　　　　)

ご購読ありがとうございます。今後の出版物の参考とさせていただきますので、上記のアンケートにお答えください。**抽選で毎月10名の方に図書カード(1000円分)をお送りします。**なお、ご記入いただいた個人情報以外のデータは編集資料の他、広告に使用させていただく場合がございます。

5 下記、ご記入お願いします。

ご職業	1 会社員(業種　　　)	2 自営業(業種　　　)	
	3 公務員(職種　　　)	4 学生(中・高・高専・大・専門・院)	
	5 主婦	6 その他(　　　)	
性別	男・女	年齢	歳

ホームページ http://www.sunmark.co.jp　ご協力ありがとうございました。

たに戻ってよ！」とイライラしてきますよね。

これ、じつは「いじめ」が発生する原因のひとつでもあるといわれています。

人は、「自分らしさ」を出していない人を見るとなぜかイライラしてしまうのです。

その結果、攻撃をしたり陰口を言ったりして、ストレス発散をするという悪循環が発生します。


このような状態を、慢性的に何年もずっと続けていることが、「あなた自身」を生きていない状態といえます。

そのような生き方をしていれば、当然人間関係もギクシャクしやすいのは想像できますよね。


ですから、**人間関係に問題が起きたときは、ひょっとすると「自分らしさ」からズレた生き方をしてしまっているのではないかと疑ってみる必要があるのです。**

ですが、あなたが「本当の自分」を理解していないと、あなたらしく生きられているのかどうか判断ができません。

そんなときに、ドラゴン・メッセージがあるととても便利なのです。

たとえば、あなたが六白金星の人だとしたら、人に対して「愛のある言葉」を多く発することで人生を好循環させる特徴をもっています。でも、人に毒を吐きつづけていると、一気に人間関係が悪化してしまう傾向があります。

六白金星の方がこの事実を知っていれば、人間関係が悪くなったときに、「あ、愛のある言葉を発していなかった」と気づくことができますね。

人生において何か問題が発生したときや、自分を見失ってしまったときに、いつでも本来の自分に立ち返ることができるツールがあるというのは、とても安心感があります。

ドラゴン・メッセージで仕事も収入も変わる

つぎに「お金（仕事）」を見てみましょう。

僕のクライアントには男女に関係なく、仕事をがんばっている人がとても多いのですが、たとえ優秀なキャリアをもっていても、自分らしさを発揮できていない人はかなり多いです。

よく、キャリアはもっているけど、幸せそうに見えない人っていますよね。

あなたの身近にも、社長や部長といった役職に就いていても、どこか不幸感が漂っている人がいるのではないでしょうか？


僕のクライアントに女性の医師の方がいます。

本来はとても優秀な能力をもっているにもかかわらず、他者からの嫉妬が嫌で、敢《あ》えて自分の能力を低く表現してしまうクセをもっていました。

ですが彼女は、蠍座《さそりざ》をもって生まれているので、カリスマ的な強い印象を他者に与えて大きな影響力をもつことで成功を手にする人なのです。

ドラゴン・メッセージを見せたところ、「とても自分のこととは思えない」という感想をいただきました。 ですが心のどこかで、そうなれたらうれしいという感情もあったのでしょう。

「ドラゴン・メッセージ＝あなた自身」という視点で考える努力を始めました。

すると、**みるみる人生が変わっていって、自分の考える正しい医療を発信する道を選び、ハイキャリアだけど息苦しかった環境を捨てる決意をして独立。**

能力の高さは他の病院からも評価されており、辞めた途端に院長として迎えたいという誘いもあったそうですが、それも断っていまは大学病院で後進の指導をしながら、稼ぐよりも社会貢献を軸に活躍されています。

この方のように、ドラゴン・メッセージを知ることで、本来の自分の生き方に立ち返り、**高い能力を生かし、さらによりよい形で社会に貢献することができるようになるケースが増えてきています。**

ドラゴン・メッセージは「本当のあなた」に導いてくれる究極のツールです。

そんなツールを上手《うま》く活用して、あなた本来の人生の中で、本当の活躍を実現してください。

ドラゴン・メッセージ採点チェック！4点以下なら黄色信号

ドラゴン・メッセージが究極のツールであることをおわかりいただいたところで、これからあなたの現状をチェックしてみましょう。あなたの現状を正しく把握するということは、とても大切な作業です。

自分では自分らしく生きているつもりでも、じつはまったくあなたの魅力が発揮できていない生き方をしてしまっているかもしれません。逆に、まったく自分らしくないと思っていたのに、意外とできていたと驚くこともあるでしょう。

現状をしっかりと把握できると、つぎはどうすればよいのかが明確になりますね。

これまで漠然と不安だった自分の人生にパッと光が差したようにクリアになりますから、ここでのチェックはしっかりと実践してください。

やり方は簡単！　Chapter 2で確認をしてもらったあなたの生年月日からわかるドラゴン・メッセージを読んで、素直に、**「できている」と思うものにチェックを付けてください**。

チェックできたものを1点として、0～11点までで点数を付けてみましょう。

いかがでしょうか、点数が出ましたか？

では、あなたがどれだけ自分に素直に「あなたらしく」生きることができているかの結果発表です！

ドラゴン・メッセージ採点チェック

「あなたらしさ」結果発表＆アドバイス

★10点以上【指導者クラス】

ほぼ完璧にあなたらしさを発揮して、自分自身の人生を歩むことができています。自分にも自信があり、日々の生活にも大きな不満なく幸せを実感している傾向が強いはずです。**あ**

なたは指導者として人を教え導くステージにあると考えてください。また、このレベルであれば最後の章「Secret Chapter」から、さらなる人生のステージアップを目指してもよいでしょう。

☆ 7～9点【野心クラス】

かなりのレベルで自分自身を活用できています。ここまでくればあともうひと踏ん張りで、完全にあなたらしさを発揮できます。あなたの社会的な、もしくは個人的な目標を突破して自信がついたときに満点を狙える存在になりやすいはずです。**野心的な欲求を燃やして完全に自分を発揮できるよう、ステップアップを目指してください。**この時期の野心の発揮はポジティブになりやすいです。

☆5〜6点【平常クラス】

少しは自分のよさや、能力を使えはじめていますが、本当のあなたはまだまだこんなものではありません。自分自身を発揮しようと意識を強めていないと、すぐに4点以下のクラスに落ちてしまいやすい危うい位置にいます。ですが、**伸びしろははっきりしているので成長しやすいでしょう。**「人格力」と「成長力」をバランスよく育てるように意識してください。

☆2〜4点【趣味クラス】

黄色信号です！　あなたのよさからかなり遠い生き方になっており、仕事をがんばっても幸せを感じにくい状態にあるはずです。それもそのはず、あなたはいま自分の趣味程度ならば楽しめますが、社会に貢献できるようなステージに立っていません。体調も悪くなりがち。**他者のことより自分のこと**

をしっかり見つめる時間を作りましょう。そしてまずは、心身共に自立することを目指してください。

☆ **0～1点【迷子クラス】**

完全に人生を迷っています。かなり深刻な状況にあると言わざるを得ません。この状況が続いてしまうと体調にも影響が出やすいはずなので、早期に抜け出せるように意識を強めてください。**そのためにも自分で思っている自分像をひとまず横に置いて、ドラゴン・メッセージをなぞるように生活をしてみてください。**すべてを実践するのが難しい場合は、できるところからで大丈夫。とにかく行動してみるのが大事です。

さて、いかがでしたか。

「意外とよい結果だった」「思っていたよりも低かった」という人もいたでしょう。あくまで目安としての点数ですから、結果に対してあまり一喜一憂する必要はありません。

これによって知ってほしいことは、あなたの現在の立ち位置です。なるべく常に**7点以上は取れている状態を目指すと、人生は自動的に好転しやすくなりますし**、あなたの幸福感も高い状態を維持できるはずです。

とても不思議なのですが、「何となく最近ビジネスが上手く軌道にのれてない」「不幸感を覚えるな」と思ったときに採点してみると、6点以下になっていることが多くて驚きます。

この採点で5点以上あれば、それほど心配する必要はないのですが、やはり4点以下だと注意が必要です。

点数が低い人ほど人生大逆転のチャンス

そうは言っても、点数が低かった人からすると気になりますよね。

こんなことで励ましになるかどうかわかりませんが……。

じつは、僕が最初にこのドラゴン・メッセージの前身といえるツールで自己採点をしたときは、なんと……「1点」でした。

それも、かなり甘めに採点してその点数だったのです。

そのときのショックはなかなかのものでした。ですがいまではよほど不調なときでない限り、ほぼ満点を維持できるようになりました。

今回の結果が低い人ほど、改善してしまえばおもしろいように人生が好転していくことを実感していただけるはずなので、これからの人生を楽しみにしていてください。

ひょっとすると、ドラゴン・メッセージといまのあなたの性格があまりにも違いすぎて、「こんなの自分じゃない！」と拒絶反応が出てしまった人もいるかもしれません。

その勢いでこの本を閉じてしまってもよいのですが、その前に、一度あなたの現状を振り返ってみてください。

「いま、幸せを感じる毎日を送っていますか？」もしくは「充実した毎日を送っていますか？」

もし答えがNOだったら、本書を閉じる前にドラゴン・メッセージを自分のものにしてみてください。

止《や》めることはいつでもできますが、いま止めてしまったらあなたの最大のチャンスは失われてしまいます。

他者からの採点で自分の魅力に気づく

さて、ここでもうひとつ、あなたにお願いしたいことがあります。

それは、**あなたを、「他の誰かにも採点」してもらってほしいのです。**

できれば身近な人がよいでしょう。家族やパートナーや友人、いつも一緒に仕事している同僚もよいですね。そういう普段のあなたを見ている他者の評価も、とても参考になります。

自分での採点と他者の採点は、思っている以上に違ったりします。

おもしろいのが、自信過剰な人ほど、自分を甘く採点する傾向があります。他者にチェックをしてもらうと想像以上に低い点数で、ご立腹されることも。

また、自分に自信がなかったり、自分に厳しかったりする人の場合は、**本当はできているのにできていないと思い込んで低い点数を付ける傾向があります。**人にチェックをしてもらったら、想像以上に高い点数で驚く姿を何度も見てきました。

このように他者からドラゴン・メッセージを軸に評価をしてもらうと、いろいろな意見が聞こえてきます。

僕のクライアントに、内心では日々に不安を感じながら生きている八白土星の男性がいます。じつは、八白土星の人は割と達観した視点をもっているので、どうどうとしていて、物事に動じない傾向があります。

その能力は、自分ではあまり理解していませんでしたが、友人がドラゴン・メッセージを見て、「そう！　あなたっていつも動じないよね！」と評価してくれて、初めていつもどうどうとしている自分の魅力に気づけたのです。

自分らしさから生まれる本来の魅力に気づくと、人は不思議なほど自信が出てきます。**そして人としての魅力も雰囲気からにじみ出ますので、何となく艶っぽさが出て、魅力的に見えるのです。**

「ドラゴン・メッセージ＝あなた自身」になれたら、あなたの人としての魅力はいま以上に大きく向上します。

それは難しいことではなく、**ただ、「自分はそうなんだ」と認識するだけでも成果が出てくるのです。**

成果を加速度的に上げてくれるのが、ドラゴン・メッセージを通した他者からの評価なのです。


そうそう、他者に評価をしてもらった場合、どのような結果であったとしても、その人には感謝をしてくださいね。

他者の評価は冷静に自己分析として活用してください。**もし、自分から見ても他者から見てもできていない項目があったなら、そこは完全な伸びしろになります。**

そのような自分の可能性を見つけることが、この11のドラゴン・メッセージのおもしろいところなのです。

毎朝鏡の前で「ドラゴン・メッセージ」を読む
～ドラゴン・メッセージ活用術①

ここまで、ドラゴン・メッセージが「あなたらしさ」になることの必要性をお伝えしてきました。これから、どうすればドラゴン・メッセージを効果的に身につけることができるかをお伝えします。

ただ、すでに**ドラゴン・メッセージを知ってもらっただけで、だいぶあなたらしさを取り戻しています。**本書を読んだだけでも、何も知らなかったときよりは、幸せに成功する人生へと変化しているのです。

ですが、さらにドラゴン・メッセージの効果を倍増させるために、いくつかオススメの方法をお伝えしようと思います。

ドラゴン・メッセージをもっとも効果的に身につける方法としてオススメしたいの

が、毎朝、「鏡の前でドラゴン・メッセージを読む」です。

たったこれだけのことですが、じつはかなりの効果があります。

点数が低かった人にとっては、できていなかったこともできやすくなります。

また、ほぼ満点だった人は、より高いレベルであなたらしさを発揮することができるようになります。

そして可能なら、音読するとさらに効果が高まります。

このように言うと、よくあるアファメーションを唱えたり、すり込み作業をしたりするようなものかと思われるかもしれません。

しかし、ドラゴン・メッセージには紛れもなくあなた自身のことが書いてあるので、**すり込むというよりは「思い出す」というニュアンスの方が強いのです。**

ですから、ドラゴン・メッセージ通りでなくてはならない、というように無理に思い込む必要はありません。

「あー、私ってそうだったな」と思い出す作業だと思ってください。

この方法、やってみていただくとわかるのですが、点数が高かった方は鏡の前で音読するのはあまり抵抗を感じません。

一方で、点数が低かった方はとても違和感を覚えたりします。あまりにいまの自分と違いすぎて、気恥ずかしさが生まれてくるのです。

このような方の場合は、「思い出す」というニュアンスだけでは、本来の自分に戻すのに時間がかかる傾向があります。

これまでの人生であまりにも自分らしさを発揮してこなすぎて、思い出せるような状況ではないのです。**このような場合に限っては、「思い込む」という感覚で毎朝ドラゴン・メッセージを読んでいただいた方が効果は大きくなるでしょう。**

ちなみに僕は最初このような状態でした。ドラゴン・メッセージを読んでも違和感しかないし、何なら嫌悪感さえ抱いていたので、思い込むしかなかったのです。ですが、何度も鏡の前で本来の自分の生き方を伝えていると、しだいにその生き方が当然のようになってきますので安心してください。

僕のクライアントにもこの方法を実践してもらうのですが、よく言われるのが「家族の手前声を出すのはちょっと……」という言葉です。

声を出すのが目的ではないので、このような場合は無言で読んでいただくだけでも十分効果はありますし、小声でも問題ありません。

あくまで重要なのは、毎朝本当のあなたを思い出すという点です。

またドラゴン・メッセージを読み上げる際に、**最初に「私は」と入れた方が、より自分との一致を感じるという人もいます。これもとてもよい方法だと思います。**

たとえば二黒土星の方ならば、つぎのような具合です。

「『私は』、子どもや部下、資産や会社などあらゆるものを育てる能力に秀でていて、時間がかかっても妥協しない粘り強さがある」

持ち歩いて「人生のモノサシ」にしよう ～ドラゴン・メッセージ活用術②

つぎにオススメの方法は、「ドラゴン・メッセージを持ち歩く」です。

スマートフォンで該当するページの写真を撮って、その画像を持ち歩いてもよいでしょう（257ページにあなたのドラゴン・メッセージをダウンロードできるURLも掲載しています）。

何か問題が起きたときや、ふとしたときにサッとドラゴン・メッセージを出して、問題の解決に活用する機会を増やすようにしてください。

自分が原因で起きた問題の多くは、自分らしくできていないときに発生することが多いのです。ですから困ったことが起きたときにドラゴン・メッセージに立ち返ることで、**本来の自分を見失わずにすみます。**

僕はPCやスマートフォンの壁紙に、ドラゴン・メッセージを表示させていました。PCやスマートフォンは1日の間でかなりの時間見ているのでとても効果的です。

このようなことを1か月もつづけると、ドラゴン・メッセージの内容をほぼ覚えてしまいます。

生活の中のちょっとしたときに、「さっきは自分らしくできていなかったな」とか、問題が起きたときでも「自分らしくすれば解決できる」と、**本来の自分らしさといまの自分との距離を測るクセが付いてきます。**

これを、僕はドラゴン・メッセージによる「人生のモノサシ化」と言っています。

人は通常、自分の人生を経験や勘を頼りに生きています。

ですが、いままでにない問題に直面したり、突発的なことが起きたりしたときに、どうやって解決し乗り越えればよいのかわからなくなるときがあります。

そのようなときにドラゴン・メッセージという**「人生のモノサシ」があると、「自分らしくなかった」と問題を即座に見つけることができますし、自分に足りてないところを見つける目安になります。**


これまで、測ることができなかったものが測れるようになると、とても安心感が生まれますし、よけいな悩みを消すことができます。

たとえば、料理の本を読んでいるとよく、「醤油《しょうゆ》を適量入れる」というような表現がありますが、これ、とても不安になりませんか？

「適量って、大さじ1杯なの？　小さじ1杯なの？」と迷ってしまい、間違えたらおいしい料理ができなくなるかもしれないと不安になってきますよね。

これがしっかりと「大さじ1杯ですよ」と書いていてくれると、一気に安心感が出て、自分の行動に自信をもって料理を完成させることができます。

これと同じことをドラゴン・メッセージで行うのです。

つまり、人生においての問題の解決や、毎日の何気ない行動を、これまでは経験と勘だけの「適量」な方法で対処してきていたのが、**これを究極の成功法則である「あなたらしさ」というモノサシで測って、対処すればよいということがわかるのです。**

よけいな悩みや不安がなくなって、代わりに安心感と自信をもった行動をとることができるようになるのです。


このように、ドラゴン・メッセージという人生のモノサシが、あなたの人生の軸になることで、人生においての悩みや不安や心配といった感情が、かなり解消されます。

すると、人生がずいぶんと「簡単」になった印象をもてるようになるはずです。

こうなるとしめたもので、これからの人生が加速度的に自分らしく幸せに好転していくことを実感できるようになります。

偉人のドラゴン・メッセージをモデルにしよう
～ドラゴン・メッセージ活用術③

ここからは、さらにもう一歩踏み込んで、**偉人クラスの人たちがどのように自分らしさを発揮していたのかチェックする**こともオススメしたいです。

何度もお伝えしているように、人が社会的に活躍をしていこうと思うなら、ドラゴン・メッセージの「人格力」と「成功力」の切り口から発展をさせていくのが、最短コースになります。

そして、ドラゴン・メッセージのひとつずつを洗練させて自分らしさを最大限発揮した結果が、世の中で偉人と呼ばれる人たちの姿でもあるのです。

一般の人がなし得ないそのレベルに至るまでには誰も一朝一夕ではなくて、それこそ血のにじむような努力をしています。

そして、**それほどの結果を出している中でドラゴン・メッセージのポイントを外している偉人はいません。**

ですから、そのような活躍をしている偉人は私たちにとって、自分らしさを発揮するお手本とすることができます。

たとえば僕は、ドラゴン・メッセージの「人格力」が四緑木星ですので、生き方の参考にしている偉人のひとりに、世界のホンダを作った本田宗一郎氏がいます。

「彼ならこの窮地にどのように対処するだろう」と考えることがよくあります。

また、日常で出会う人の中にもステキな四緑木星の方を見つけると、その人の生き方をよく参考にしています。

生き方という視点では、どんな偉人からも多くを学ぶことができます。

ですが、たとえば「一白水星には一白水星の自分らしさの発揮の仕方」「牡羊座《おひつじざ》には牡羊座の自分らしさの発揮の仕方」というものがあります。

その点を学ぶとしたら、**やはり自分と同じドラゴン・メッセージをもっている偉人を探して、その生き方や自分らしさの発揮の仕方を参考にするのが有効です。**

ですから、ドラゴン・メッセージはあなたがどのような偉人を心の師としてもつべきかを教えてくれるツールにもなるのです。

ドラゴン・メッセージの「人格力」も「成功力」もまったく同じ偉人を探すことができるのが一番よいかもしれませんが、そこにこだわる必要はありません。

「人格力だけが同じ偉人」「成功力だけが同じ偉人」の中で、あなたがピンとくる人を探して、その偉人のことを調べてみるといいでしょう。

いまはインターネットである程度、有名人の生涯を知ることができます。

また、誰もが知る偉人はたいてい自伝や伝記などがありますから、そのような本を買って愛読書にするのもよいでしょう。

自分にとって、「嫌だな」と思っている性質を、偉人が逆にプラスに生かしている姿を見つけると、目からうろこが落ちるような感覚を覚えますよ。

これから、数人ですがドラゴン・メッセージの「人格力」「成功力」の視点から各星における代表的な偉人をご紹介します。

そして、どういう点に着目すべきかを簡単にご説明します。

いずれも僕が、その星・星座を最大限発揮していると感じる偉人をピックアップしてみましたので、参考にしてください。

田中角栄（第64・65代内閣総理大臣）【人格力】一白水星／【成功力】牡牛座《おうしざ》

田中角栄氏は、生前には「コンピューター付きブルドーザー」「剛腕政治家」など、いろいろな呼ばれ方をしていました。いまなお、時代を超えて人を引き付ける魅力をもった政治家のひとりです。

田中氏の生前を知らない人もいるかもしれませんが、特徴ある名前くらいは聞いたことがあるのではないでしょうか。

彼はドラゴン・メッセージの「人格力」では一白水星です。

一白水星は人間関係作りにおいては右に出るものがないほどに、優秀な能力をもつのですが、その通り**彼は人を魅了する「人たらし」としても有名です。**

たとえば、多数の新人官僚に対し全員の名前を覚えて接するなど、その人心掌握はテクニックではなく、彼の誠実な他者との接し方によって生まれたものだったのです。

だからこその実話もあります。彼は実刑判決を受けながらも、2か月後の総選挙で22万761票という驚異的な票を取り当選するほど、人からの信頼を得ることに成功していたのです。

失敗をチャンスに変え、人からの信頼で立身するその姿は、一白水星の「人格力」を極限まで高めた存在といえるでしょう。

また「成功力」では牡牛座です。

本人の運に対する格言に**「努力、努力。努力と根気と勉強。こういったものが、運を捉えるきっかけになる」**というものがあります。

彼は牡牛座の特性である地道に訓練する能力を、最大限引き上げた努力の人でした。

本来、牡牛座は人と接することがそれほど得意ではないのですが、「人格力」の一白水星がそのウィークポイントを上手く補い、「人格力」と「成功力」のよい面を発揮した好例です。

井深大（ソニー創業者）【人格力】二黒土星／【成功力】牡羊座

井深大氏は、日本を代表する企業であるソニーを創業した人物です。家電ショップに行けば多くのソニー製の商品が並んでいますし、ゲームが好きな人にとっては「PlayStation」を作った会社として有名ですね。ちなみに、アップル社を創業したスティーブ・ジョブズ氏が、経営の参考にした企業がソニーでした。

そんな彼のドラゴン・メッセージによる「人格力」は二黒土星です。二黒土星は人の役に立つ天才です。彼の言葉に「売れるよいものを作ろう」という言葉がありますが、売れるということは人の役に立った結果です。

よいものを作っても売れなければ、それはただの自己満足で人の役に立っていない、と自分を戒めたその言葉は、まさに二黒土星の「人格力」を言い表しています。

「成功力」では牡羊座で、未体験のことに飛び込む勇気をもち、新しい発見を求める星座です。

彼は創業期に**「人真似《ひとまね》をしていては、道は開けない。人のやらないことをやろう」**と社員を鼓舞していますが、まさに牡羊座らしい勇気のある言葉です。

井深氏は「天才技術者」と呼ばれ、イノベーションを起こす商品をいくつも開発した上に、誰もが不可能だと思っていたアメリカ進出も成功させ「世界のソニー」と言われる土台を作りました。

新しいことに対する好奇心を、素直に行動に移せるかどうかが牡羊座を洗練させるコツですが、井深氏は幼少期からその才能を磨き発揮しつづけていました。

牡羊座で新しいモノを生み出し、二黒土星で人の役に立つ商品へと作り上げる彼の天才性はドラゴン・メッセージを究極に高めた結果といえるでしょう。

坂本龍馬（海援隊隊長）【人格力】三碧木星《さんぺき》／【成功力】山羊座《やぎざ》

坂本龍馬は、明治維新の混乱期において活躍したとても有名な人物。日本人なら一度は耳にしたことのある名前ですね。

ドラゴン・メッセージによる「人格力」は三碧木星です。

三碧木星は「発展と好奇心」を繰り返す特性がありますが、龍馬については英雄扱いする人からテロリスト扱いする人、優秀なビジネスマン扱いする人まで、千差万別です。それもそのはず、**彼の生涯を見てみるとじつにたくさんの活動をしていて、どの肩書きも正解といえます。**

桂小五郎や西郷隆盛、勝海舟など、時の要人と対等に接したかと思うと、海援隊を結成し武器の輸入業を営み、日本初の新婚旅行までしていて、とても31年の生涯だったとは思えないほどの活動力でした。

三碧木星は、とにかく高い行動力で迷いなく進むところに天才性があります。この点においては龍馬の短く太い人生はとても参考になります。

そして成功力は「山羊座」です。

山羊座は、野心家で社会に対し具体的な結果を出すことに喜びを感じる特性があります。その通り、**龍馬の抱いた野心は誰よりも大きく、誰よりも社会全体を見渡していたと思えるほどの的確な行動で結果を出したと言えるでしょう。**

また山羊座は、組織はもちろんですが、家族に対しても惜しみない愛情をかける特性があります。彼は日本中を駆け巡っていたのに、ことあるごとに家族に手紙を送り、近況や愚痴を書き綴《つづ》っていました。

どんなときでも家族のことを大切に考えていた、ハートフルな人物だったことがうかがえるエピソードです。

本田宗一郎（本田技研工業創業者）【人格力】四緑木星／【成功力】蠍座

本田宗一郎氏は本田技研工業を創業した人物です。

いまや世界のどこに行ってもホンダの車をよく見かけますし、誰しもが一度は乗車したことがあるのではないでしょうか。

そんな彼の「人格力」は四緑木星です。

四緑木星の特徴は、人や社会からの「信頼」です。

信頼を得るための親切心や気づかいが、四緑木星を洗練させるコツになります。

常々、**「お客さんに迷惑をかけるようなものをつくるな！」**と社員に訓戒していたそうです。商品と一番長く付き合う人のことを考えろということです。

「1番長いのは、お客さんだろ。その次は売った店の修理工だろ。その次が、ウチの工場の人間だ。つくった本人のくせに、1番短いのは設計者だ。ずっと使う人の身になって考えたら、不親切なモノなぞ設計できねえはずだ！」（HONDA HPより）

このように、社員に耳タコになるほど伝えていたそうです。このような四緑木星らしい信頼を築き上げ、それを洗練させるために、人に「親切にする」がキーワードになることは本田氏の実績が証明をしています。

また「成功力」は蠍座です。

蠍座は極まれば強烈なカリスマ性を発揮し他者に強い影響力を発揮します。

じつは、偉人にとても多いのが蠍座生まれの人なのです。

蠍座は人との絆《きずな》や人脈をとても大切にする気質がありますが、本田氏が社長職を辞してからの実話が有名です。

ホンダの最前線で、顧客と直《じか》に接している現場の人たち「全員」にお礼を言いたいと、日本だけでなく外国までほとんどすべてを回って握手したそうです。

「握手すると、みんな泣くんだ。そして、その涙を見て、自分も泣くんだ」と言っていたそうで、人を引き付けるカリスマ性を証明した本田氏に相応《ふさわ》しい話ですね。

マハトマ・ガンジー（人権活動家）【人格力】五黄土星／【成功力】天秤座《てんびんざ》

世界で、彼の名を知らない人はいないのではないかと思うほどの偉人ですね。

「インド独立の父」と呼ばれ、イギリスからインドを「非暴力・不服従」の姿勢で独立させることに成功したことで、世界中の思想家のお手本となった人物といえるでしょう。


彼の「人格力」は五黄土星。

五黄土星を最大限に洗練させた先には、自身の行動そのものが世のルールとなるほどの影響力をもつことができるのが最大の特徴です。

ガンジーを例に出されるとピンとこないかもしれませんが、あなたの周りの五黄土星の人は、物事の中心的存在でドッシリと構えている人が多いはず。

そして五黄土星の特性である、中心人物として成り立たせるための、見えない努力による実力と深い愛情は、まさにガンジーを言い表したような言葉です。

彼は1日18キロ歩き、多くの人と会いその思想を伝えて回り、人の心を変えていったのです。

五黄土星の特性である「愛で人のトップに立つ気質」はもう語る必要がないほどに、彼の人生が証明しています。

最後はヒンドゥー教徒に暗殺されますが、死ぬ間際に彼は額に手を置き、イスラム教で「あなたを許す」を意味するジェスチャーをして亡くなりました。

「成功力」は天秤座です。

天秤座は、誰からも愛される立ち居振る舞いと、誰にでも理解できるわかりやすい言語表現を武器とする特徴があります。**ガンジーはスピーチの際にあいまいさを排除して、ストレートに伝えることを意識したそうです。**その言葉に聴衆は勇気づけられ、行動へと突き動かされるほど心が震えたのです。

ジョン・レノン（歌手）【人格力】六白金星／【成功力】天秤座

ジョン・レノンはビートルズという史上もっとも売れたバンドを結成した人物で、世界中の誰しもが一度は彼の歌声を耳にしていることでしょう。

ジョンが作り上げた音楽は、社会にも聞く人の心にも深く大きな影響を与えました。

そんな彼の「人格力」は六白金星です。

六白金星の最大の特徴は、「天」を味方にすることができるところです。抽象的な表現になりましたが、天がバックアップしているのではないかと思うほどの結果を出してしまうのが、六白金星のすごいところ。

ですが、天を味方にするには絶対条件があります。それは「深い愛」をもつこと。ジョンの歌では恋愛の愛ではない「愛」がふんだんに語られています。その代表曲が彼のソロ2作目のアルバムに収められている『イマジン』ですね。あなたも一度は耳にしているはずの名曲です。

彼が愛を語るたびに巻き起こしてきた奇跡のような結果は、六白金星をもって生まれた人にとって、とても参考になる現象といえるでしょう。

また「成功力」は天秤座です。

誰からも愛され、誰にでも理解できる言葉で表現してきた彼の活動から、この天秤座の天才性をいかんなく発揮してきたことは周知の事実です。

それだけでなく、**彼の歌は、時代を超えてもその価値が変化しない言葉であふれています。**

これはその言葉に人間の普遍性が盛り込まれているからです。それは時代によって左右されない哲学のような影響力を発揮しており、まさに天秤座の特性を洗練させたたまものといえます。

孫正義（ソフトバンクグループ創業者）【人格力】七赤金星／【成功力】獅子座《ししざ》

孫正義氏はソフトバンクグループを創設した実業家として、知らない人はいない経営者のひとりでしょう。

しかし、日本では松下幸之助氏のように「尊敬される経営者」という印象は少なくですが、あなたはどんな印象をもっていますか？

「お金儲《もう》けの天才」という印象が強いようで、尊敬とは違った見方をされているようです。

それでも、偉人としてご紹介したのには理由があります。

「人格力」は七赤金星。まさにお金のプロとしての特性をもっているのがこの星の特徴です。**世界からは、彼の経営センスを賞賛する声はとても大きく、日本人の総資産額ランキングでも常に上位に入るほど金銭の扱いに卓越しています。**

また、七赤金星の特徴であるチャンスを見抜く力はすさまじく、スティーブ・ジョブズ氏が iPhone を製造している情報をいち早くキャッチしました。

そして、これまた七赤金星の特徴である愛嬌《あいきょう》のよさでジョブズに取り入り、iPhoneの日本での独占販売権を口答で約束させた逸話があります。

七赤金星の魅力を、いかんなく発揮している例といえるでしょう。


そして「成功力」では獅子座です。

獅子座は、自分が舞台の中心でしっかりと自己主張をする大胆さが特性です。

その通り、彼は常に自分の主張をはっきりともっていますし、たとえ他者の批判にあってもその主張を引っ込めることはしません。

じつは、**獅子座の人はこの他者の評価に打ち勝てるかどうかがとても重要で、多くの場合は自信を失い主張をやめてしまいます。**

孫氏の批判に対する突破力は、獅子座をもつ人全員が参考にすべき能力です。

オードリー・ヘプバーン（女優）【人格力】八白土星／【成功力】牡牛座

オードリー・ヘプバーンは、ハリウッド黄金時代に活躍した女優として世界的に有名な方ですね。

『ローマの休日』でアカデミー賞主演女優賞を獲得し、一気に人気が爆発。世界中で愛された女優のひとりです。

1993年に亡くなった後も、グラミー賞とエミー賞を獲得するなど、いまでもあこがれの存在として人気が色あせない真のスターといえるでしょう。


「人格力」は八白土星です。

この星の最大の特徴は、大きな変化や革命を引き起こす力があることです。

ヘプバーンが活躍する前は、グラマラスでセクシーな女優が人気でした。

しかし、これと正反対のスリムなボディと、妖精のような独自の魅力をアピールし、世界の美の基準に革命を起こしました。

デビュー前、本人は容姿に多くのコンプレックスをもっていたそうですが、それを新しい魅力に転換。これは、内面や自身の身体と向き合い、深く理解していたからこその偉業といえるでしょう。

また、死の直前まで慈善活動に従事していたことでも有名です。

八白土星は常に高い視点をもっていて、多くの人に目標や未来を提示し、後世に多くのものを引き継ぐ気質をもっています。

彼女が注目していた貧困問題や、平和へのビジョンと後世が繋《つな》げるメッセージは多くの人の心を動かし、いまも慈善活動が進められています。

「成功力」では牡牛座になります。

牡牛座の最大の特徴は「生まれもった才能の活用」です。

才能というと特別なスキルのように思いますが、特徴ある容姿も含まれます。**容姿にコンプレックスのあった彼女ですが、それを魅力として昇華したのはまさに、牡牛座の真骨頂といえるでしょう。**

ないものねだりをせずに、もって生まれた能力を引き出す努力を継続することが、牡牛座の成功パターンになります。

そして彼女が、牡牛座の五感の鋭さゆえの美的感覚と、洋服のもつ魅力を引きだす着こなしの秀逸さによって、ファッション界に大きな影響を与えたのも特徴的です。

DRAGON MESSAGE

スティーブン・スピルバーグ（映画監督）【人格力】九紫火星／【成功力】射手座

映画業界において知らない人はいないほど有名で、『E．T．』『インディ・ジョーンズ』『ジュラシック・パーク』『A．I．』……など代表作も何を挙げればよいか迷うほど。

あなたも、彼の作品でひとつは好きな映画があると思います。

そんな彼の「人格力」は九紫火星。

この星は、華やかさとインスピレーションがとても重要な特性になります。

九紫火星の有名人を見ていると、どなたもステージでこそ映える印象があります。スピルバーグも「アメリカでもっとも裕福なセレブリティ」に選ばれるなど、どことなく華のある印象を人に与えます。

また彼の映画作品はどれも独創性に富んでいて、**「僕の悩みの種はイマジネーションが止まらないことなんだ。朝起きても気持ちが高ぶって朝食が食べられない」**と言っています。

科学で証明できない「直感」を信じ、アイデアにあふれていることを認識し、それを社会に活用する彼の姿勢は、すべての九紫火星の人の参考になるはずです。

また「成功力」では射手座です。

射手座は何といっても、常にグレードアップすることを忘れない特性をもっています。スピルバーグも70歳を超えてもまだまだ精力的に作品を作りつづけていて、その向上心には目を見張ります。

また射手座は、精神性の高さも特徴的。彼の作品には宇宙人のような未知の存在との交流を描いているものが多く、**これはファンタジーというより相容《あいい》れない存在とも心が通うことを伝えている次世代の哲学的な映画ともいえます。**

天井のない向上心と精神性の高さにおいては射手座の代表のような人物です。

あなたも偉人のような可能性をもっている

あなたと同じドラゴン・メッセージをもった偉人の特徴を読んでみて、いかがでしたか？　中には、賛否両論のある人物や、歴史的に解明されきっていない古い人物も紹介しました。

ここでは、人物の良し悪《あ》しを伝えているのではなく、あなたらしさを最大限発揮すると、どれほどの力となるかの例としてお伝えしています。

どれほど素晴らしい功績を残した人物でも、人である以上、完璧な人はいません。偉人の悪い点を見て判断するのではなく、**常人では成し遂げられないような成果を生み出したその自分らしさの使い方を参考にしてください。**

また、偉人の成し遂げたことがあまりにも桁外れだと、自分とリンクさせづらいと感じるかもしれません。

でも、**それだけの才能や可能性が自分にもあるのだと信じることがとても大切です。**

偉人の生涯を他人事と思わず自分事のようにイメージすることで、あなたらしさを最大限発揮する道へと進むことができるでしょう。

ここでは、ページの関係で12星座すべての偉人は紹介できませんでしたが、偉人の星や星座は生年月日から簡単に調べることができます。

あなたも自分のお気に入りの偉人を見つけて、その半生を調べてみてください。

きっと、あなたが生きる上でのお手本になる人物を見つけることができますよ。

Chapter

4

人間関係を攻略するドラゴン・シナストリー

DRAGON MESSAGE

相性のよい・悪いは
お互いのドラゴン・メッセージの点数次第

相性占いの花形！　それは「好きな人との相性」ですよね。

好きな人との相性がよいのかどうか、どんな結果であれひとまず聞いてみたくなるのが人情です。それなのに、いきなりガッカリさせてしまいます。

じつは相性って、あまり当たりません。

僕のコンサルティングでも、よく「この人との相性はよいですか？」と質問されます。ですが、相性のよい・悪いを伝えても、その結果が当たっているという手応えはいつも50％程度です。半分くらいは、「そんな感じじゃないんですけど……」という返事です。

これは僕のリーディング能力が低いから……ではありません（念のため・笑）。

その2人が、しっかりと自立した大人なのか、そうでないかで違うのです。

悪い相性でもよい関係を作り上げることができるし、逆によい相性なのに険悪な関係になってしまった……ということも十分起きてしまうのが人間関係です。

つまり、**相性のよい・悪いはお互いのドラゴン・メッセージの点数が高いか低いかで、いくらでも変化してしまう**というのが実態です。

ですから、相性をよくしたいならドラゴン・メッセージをしっかりできるようになってください！　以上！　……で、終わりでもよいのですが、それだけでは感情が入り乱れた人間関係の問題解決法としては、心もとないですね。

ですからこの章では、**他者とよりよい人間関係を「作り上げていく」ための積極的なドラゴン・メッセージ的アプローチをお伝えします。**

人間関係において、絶対にやってはいけないことがひとつあります。

それは「他者に期待する」という受け身の姿勢です。僕たちはついつい人に期待をしてしまいますね。

たとえば、人に「優しくしてほしい」「ほめてほしい」「認めてほしい」「賞賛してほしい」と、**常に相手に「してほしい」ことばかり期待してしまいますが、そう思っているると間違いなくガッカリする日々を送ることになるでしょう。**

なぜなら、他人は驚くほどあなたの期待通りに動いてくれません。

ですから、**こちらから能動的に人間関係を構築するのがポイントです。**

その結果として、こちらが望むさまざまな恩恵を手に入れるというやり方が手っ取り早いのです。

では能動的に何をすればよいのかというと、それは**「与える」ことに集中するのがオススメです。**良好な人間関係を構築するのに、これほど有効な手段は他にないといえるでしょう。

4つのSTEPで人間関係は驚くほどスムーズになる

基本的に、人は価値を感じるものを提供されれば喜びます。

だからといって、当然ですがお金や物などを与える必要はありません。

誰にでもできるけれど、お金を渡す以上の価値を感じてもらえるものを「与える」のです。

「そんなものがあるのか?!」というと、あるんです。

それが「共感」や「興味」、そして適切な「振る舞い」です。


相手に合わせて的確に共感したり、興味をもったりすることで、人から絶大な好感を得ることができることは、科学的に証明されています。

ただ、これには問題もあって、共感や興味などを「相手に合わせて」与えるのが至難の業なのです。ですが、ドラゴン・メッセージによる相性を活用すれば、その問題もスッキリと解消されてしまいます。

的確に与えることができるようになると、人間関係は驚くほどスムーズになります。

自慢ではないですが、僕も36歳で結婚するまで人間関係には本当に悩みつづけてきました。

仲良くなりたいと思って接しているのに、なぜか多くの人は怒って僕の側《そば》からいなくなったり、突然連絡が途絶えてしまったりといったことがよく起きていました。

「本当に傷つきました」「そんな人だと思っていませんでした」

こんな感想をもらって関係が終わってしまうのです。

これほどに人間関係を作ることが苦手だった僕ですが、いまではたくさんの友人やクライアント、生徒さんなどと楽しく時間を過ごすことができるようになりました。

そうなれた秘密が、これからお伝えする**「ドラゴン・シナストリー（相性）」を活用して人間関係を構築したからです。**

構築というと、難しそうに聞こえたかもしれませんが、じつは驚くほど簡単です。

つぎの4つのSTEPにそって相性を見ていけば、**あなたがその人に対してどのように接するのが適切なのかを知ることができます。**

この4つのSTEPが、人間関係の悩みを解決するドラゴン・シナストリーです。

具体的な流れはこのような感じです。

ドラゴン・シナストリー「4つのSTEP」

STEP1……相手のドラゴン・メッセージを読んで、人となりや性格を理解する
STEP2……東洋・西洋占星術のエレメントから、相性の特徴を知る
STEP3……お互いの相性から、「与える」を知る
STEP4……お互いの相性から、「心の守備範囲を広げる」を知る

この流れで人間関係の構築を完成させます。

人間関係の悩みが解消されると、本当に生きやすくなりますから、ぜひドラゴン・シナストリーを最大限活用してください。

ではこれから、ＳＴＥＰごとに説明していきますね。

相手のドラゴン・メッセージをチェック！

まず、「STEP1　相手のドラゴン・メッセージを読んで、人となりや性格を理解する」です。

あなたにも、身近な人を思い浮かべながら一緒に進めていただきたいので、どなたか生年月日がわかる人を選んでください。

そして、**「相手の生年月日から導き出された11個のドラゴン・メッセージをチェック」してください。** 相手の能力にはどのような特徴があり、11点満点中で何点なのかを調べておきましょう。

ドラゴン・メッセージを読むと、いかにもリーダーシップをとりそうな人もいれば、誰かのサポートが得意そうな人、芸術的な分野で活躍しそうな人など、さまざまな特徴が見えてきます。

いつも目立たない感じなのに、ドラゴン・メッセージを見ると、「目立ちたがりで、少年誌の主人公のように振る舞いたいと思っている人物だったんだ！」と意外で驚くこともありますね。このように、その相手がどのような能力や特性をもっているのかを理解しておいてください。

つぎに、**ドラゴン・メッセージの点数が、11点満点で何点だったかを確認してください。**

もし、11点中6点以上なら、ドラゴン・メッセージを読んでも、「そうそう、まさにそんな感じの人だ！」という印象をもつはずで、その人はある程度自分らしく生きることができていると判断できます。

そして、**普段もそれなりに幸せそうで、ある程度の社会的な活躍もできている人**ではないかと想像できますね。

反対に点数が11点中5点以下でしたら、相手のドラゴン・メッセージを読んでも

「全然その人らしくないことが書かれている」と感じるはずです。

その場合は残念ですが、その人はあまり自分らしく生きることができていないかもしれません。

ですから当然、**普段の生活でも不安や不満が多くて、社会的にも活躍できていない、もしくは、嫌々社会活動をしている**可能性が高くなります。

相手の方が学生や主婦、またはリタイアをされているような場合は、社会的な活躍と言われてもピンとこないかもしれませんね。その場合は毎日楽しそうに活動や勉強をしているかどうか、という点で判断をしてください。


もちろん、これはあくまで、あなたの視点から見た相手の評価ですから、偏見があったり客観性を欠いていたりする可能性はあります。

それでもドラゴン・メッセージというモノサシで測っているので、よほどの悪意をもって解釈しない限り、あなたが感じた評価はおおむね正しいはずです。

このSTEP1で知ってほしいことは、その相手の方のいまの状態です。

人間関係において、相手にイライラするのは相手のことがちゃんと理解できていな

いからです。

わかってしまえば、じつは許せてしまうことがとても多いものなのです。

ですから相手のドラゴン・メッセージで採点をした時点で、ある程度人間関係の問題が解決してしまうことも多いのです。

相手の性格を知るだけで8割の問題が解決する

「最近、新しく来た上司のパワハラがひどくて……。会社に行くのがつらいんです。上司との相性を見てください」

この手のハラスメントに関する相談は割と多いのです。

上司の悪気のない普段の態度が、じつは部下を苦しめているという、なかなか悩ましい人間関係のトラブルですね。

さて、**このような相性に関する相談では、いきなり2人の関係を見ることはしませ**

ん。まずは、その相手の人となりや性格から見ていきます。

ここで、右記のハラスメント相談があったときの、僕のコンサルティングでのやり取りをご紹介しましょう。

「あー、この上司はとても頭の回転が速くて、ロジカルな人ですね。勝ち気な性格でもあるので、人の気持ちを考えずに傷つけたり、人の意見を聞こうとしなかったりする傾向があるかもしれませんね。そんな感じの人ですか？」

「はい、そうなんです！　いつもマシンガンのようにまくし立てられて……。すごく傷つくし、わかってもらえる気がしないので黙ってしまって」

「それは大変ですね。しかも、あまり笑顔で接してくる人ではないですね。いつもちょっと怖い印象があるかもしれません」

「そこまでわかるんですね！　そう、いつもにらんでいる感じですごく怖いんです」

「そうですか。でも、部下への愛情はちゃんとある人なのですが、表現が下手なのかな。この上司から愛情を感じたことはないですか？」

「うーん、愛情ですか……あ、たまにランチに誘われます。嫌なので、断りますが

（笑）」

「断るんですね（笑）。それは上司なりの愛情表現だと思いますよ。かわいがっていない部下にランチをごちそうしようという気にはなりませんからね」

「えー、かわいがるならもっと話を聞いてほしいんだけどな……そっか、不器用な人なんですね」

上司と部下のすれ違いは、どこの会社にもよくありますね。

このような人間関係の悩みは、相手の性格をお伝えした時点で、問題の8割は解決していることがほとんどです。

この相談に来た女性も、上司の人となりを客観的に知っただけで、悪い敵だと思っていたのが「ただの不器用なオジさんだったんだ！」と気づいたことで、上司への印象がずいぶん変わりました。

人間関係のトラブルの多くは、「相手のことが理解できない」のが理由で起きています。

もし理解できていたら、人間関係のトラブルは激減するはずですが、なかなか人のことは理解できませんね。夫婦や家族のことですらよくわからないのに、赤の他人を理解するなんて絶望的です。

でも、そんな悩みを劇的に改善してくれるのが、ドラゴン・メッセージです。ドラゴン・メッセージは自分のことだけでなく、他人のことを深く理解するのにも、とても役立ちます。

ドラゴン・メッセージで相手の現状が丸わかりになる

先ほどの例で出てきた上司のドラゴン・メッセージは、五黄土星・双子座でした。部下にここまで嫌われているということは、自分らしく生きることができていないということ。**ドラゴン・メッセージに書かれている内容を「反対にして伝える」と、上司のいまの性格を伝えることができるのです。**

まず、双子座のドラゴン・メッセージを見ると、「知性・情報」といったワードが多く出てきますが**「感情」というワードがないのが特徴で、ロジカルな思考がメインの人だとわかります。**

双子座の特徴の中で、人間関係のトラブルに繋《つな》がりそうなのは、「競争意識の強さ」か「客観的な視点」になります。この特徴が悪く出たとしたら……というイメージで考えると、上司の問題点を言い当てることができるのです。

一方で五黄土星を見てみると、「王の素質」や「強い影響力」といった力強さが特徴です。**悪く出てしまうと、「迫力があって怖い」という印象を与えてしまいます。**

五黄土星は愛情を表現できれば、人間関係がとても良好になる傾向があるのですが、上手《うま》く表現できている人は少なく、男性の場合は特に顕著です。

ですので、上司に対する誤解を解くために、愛情に注目させるように話をしたわけです。

こうやって相手のドラゴン・メッセージを見ると「なるほど、こういう特徴があるから、ああいう話し方なのか」とか「ちゃんと自分らしく生きられていないから、ああいう態度なのか」と、**その人の現状が手に取るように見えてきます。**

相手のことが理解できれば、普段は嫌だなと思っていたところも、「しょうがないな」と案外許せたり、変な期待をしなくてすんだりするので、人間関係の問題が解消されてしまいます。

人は誰しも得手不得手があるのですが、どうしても自分目線で人を判断しますから、「こんな人だと思わなかった！」といった悲劇が生まれてしまうのです。

そこで、**ドラゴン・メッセージのような相手のことを理解するモノサシ的なツールをもっていると、人間関係で悩むことが激減してきます。**

それどころか上手く活用できるようになると、どんな人とも仲良くなれる、人間関係の天才にだってなれてしまう可能性が、ドラゴン・メッセージには秘められているのです。

東洋・西洋占星術での エレメントの組分けで相性を見る

つぎに「STEP2　東洋・西洋占星術のエレメントから、相性の特徴を知る」を解説していきましょう。

先ほど、相性のよい悪いはあまり当たらないとお伝えしました。

結果だけを見るとその通りです。

ただ、相手とよい人間関係を作り上げるには、相性の考え方はとても参考になりますし、とても簡単なのでぜひ活用できるようになっておいてください。

占星術で相性を見る場合は、「エレメント」を活用するのが一般的です。

エレメントは訳すと「元素」になりますが、占星術においては、地球にある自然現象でグルーピング（組分け）したものだと思ってください。

東洋占星術ですと、一白水星から九紫火星までの9つの星を、**「木・火・土・金・水（もっかどごんすい）」**という5つのエレメントに分けます。

また、西洋占星術では牡《お》羊《ひつじ》座《ざ》から魚座までの12星座を、**「火・地・風・水（かちふうすい）」の4つのエレメントに分けます。**

このエレメントでのグルーピングによって、相性の良し悪《あ》しを判断するのが一般的な方法です。

ではまず、東洋占星術である九星気学の相性から見てみましょう。

東洋占星術では「人格力」を知ることができるので、相性でわかることは「お互いのことを理解しやすい関係なのかどうか」です。

木火土金水のエレメントによるグルーピングを図にしたものが、このつぎページの図1になります。

この図では、エレメントごとに線で繋がっていますが、**隣り合っていて線で繋がっているエレメントを「相星」といって相性がよい関係とされています。**

〔図1〕 東洋占星術で見る相性

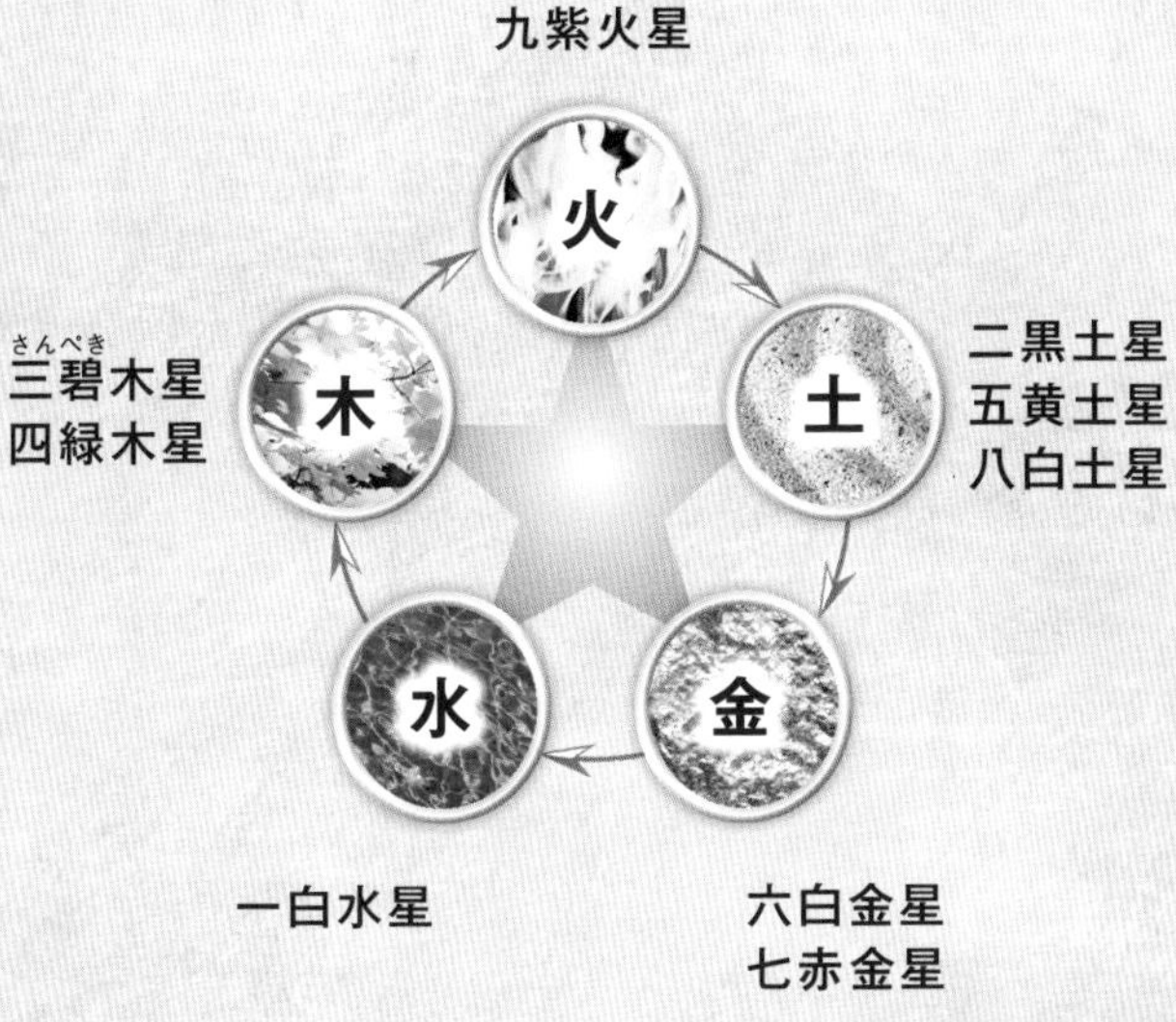

たとえば、あなたが九紫火星だったとして、お相手の方が四緑木星だった場合。

図1を見ると、九紫火星は「火」で四緑木星は「木」になっています。

この2つのエレメントは隣り合っていて、線で繋がっているので「相星」ですね。

ということは、この2つの星は相性としては良好なので、お互いの気持ちを理解しやすい関係といえます。

ちなみに、**同じエレメント同士の場合も相性はよいと判断します。**六白金星と七赤金星や、三碧木星と四緑木星などは、お互いのことを理解しやすい関係になります。

エレメント同士が隣り合っていない、つまり線で繋がっていない場合は、相性としてはよくないと判断します。その場合は、お互いの気持ちを理解するのに時間がかかると解釈します。

これが東洋占星術を活用した相性の基礎になります。ここまでは簡単ですね。

またこの図はSTEP4でも使いますので、この理論を覚えておいてください。

今度は、西洋占星術から相性を見てみましょう。

西洋占星術では「成功力」を知ることができるので、相性でわかることは「社会的

な側面での協力関係が良好なのかどうか」です。

西洋占星術では、「火地風水」の4つのエレメントでグルーピングしますが、それを図にしたのが183ページの図2になります。

この図では「火」と「風」のエレメントと、「地」と「水」のエレメントで上下に分かれています。「火」と「風」の組み合わせ、「地」と「水」の組み合わせは、それぞれ相性がよいのです。

ですから2人の相性が、**上か下のグループにあれば相性がよいとされるし、上下で別れてしまったら、相性としては協力するには工夫が必要ということになります。**

たとえば、あなたが獅子座《ししざ》で相手が蟹座《かにざ》だった場合。図2を見ると獅子座は「火」のエレメントで、蟹座は「水」のエレメントになります。

火と水はグループが違いますね。つまり、相性としてはお互いの社会的な活躍方法がずいぶん違うので、協力していくには工夫をする必要があるということになります。

蟹座ではなく、双子座でしたらエレメントは「風」になりますので、「火」と「風」

は同じグループですから、お互いのことは理解がしやすく協力関係も築きやすい相性であるということになります。

同じく、獅子座と射手座でしたら、どちらもエレメントが「火」になりますので、こちらもお互いの理解は良好である傾向が強いです。


ここまで相性の関係性をお伝えしました。

このSTEP2は、相性をとても簡単にチェックできるのでとても便利ですが、先ほどからお話ししているように、**お互いの人生経験でいくらでもこの相性をくつがえすことができます**。この結果だけにとらわれないようにしてください。

僕も、友人に相性的にはよくないエレメントの人がいますが、お互いがドラゴン・メッセージで10点以上あるので、大変に仲がよくて、お互いの違いがむしろ魅力的に思えてくるので不思議です。

〔図2〕　西洋占星術で見る相性

火　牡羊座・獅子座・射手座

風　双子座・天秤《てんびん》座《ざ》・水瓶《みずがめ》座《ざ》

地　牡牛《おうし》座《ざ》・乙女座・山羊《やぎ》座《ざ》

水　蟹座・蠍《さそり》座《ざ》・魚座

ドラゴン・シナストリー奥義①
「価値を与える」

「STEP3　お互いの相性から、『与える』を知る」ですが、ここでお伝えする内容が、**ドラゴン・シナストリーのもっともコアな内容になります。**

振り返りになりますが、良好な人間関係を作るコツは**「相手に期待をしない」「相手に与える」**です。

つまり、相手に何かを期待するような、自分でコントロールできないものは捨てて、コントロールできることに集中して人間関係を作り上げていきます。

そして、コントロールできることは「与える」になります。**ここでの「与える」というのは、あなたの「接し方」によって、相手に価値を提供すること。**

相手に対して、どのように接して、何を価値として与えるかが適切にできると、人間関係は驚くほどスムーズになります。すると、あなたにとって最高の人間関係を作り上げることが可能になります。

ではこれから、あなたが相手にどのように接して、どのような価値を提供するべきなのかを調べていきます。

「価値を与える」という発展的な言葉ですので、この場合に活用しやすいのはやはり西洋占星術になります。

まず、つぎのページの図3の中からあなたの星座を探しましょう。自分の星座が探せたら、相手の星座を探してください。

〔図3〕 あなたの星座から左回りで数えて何番目？

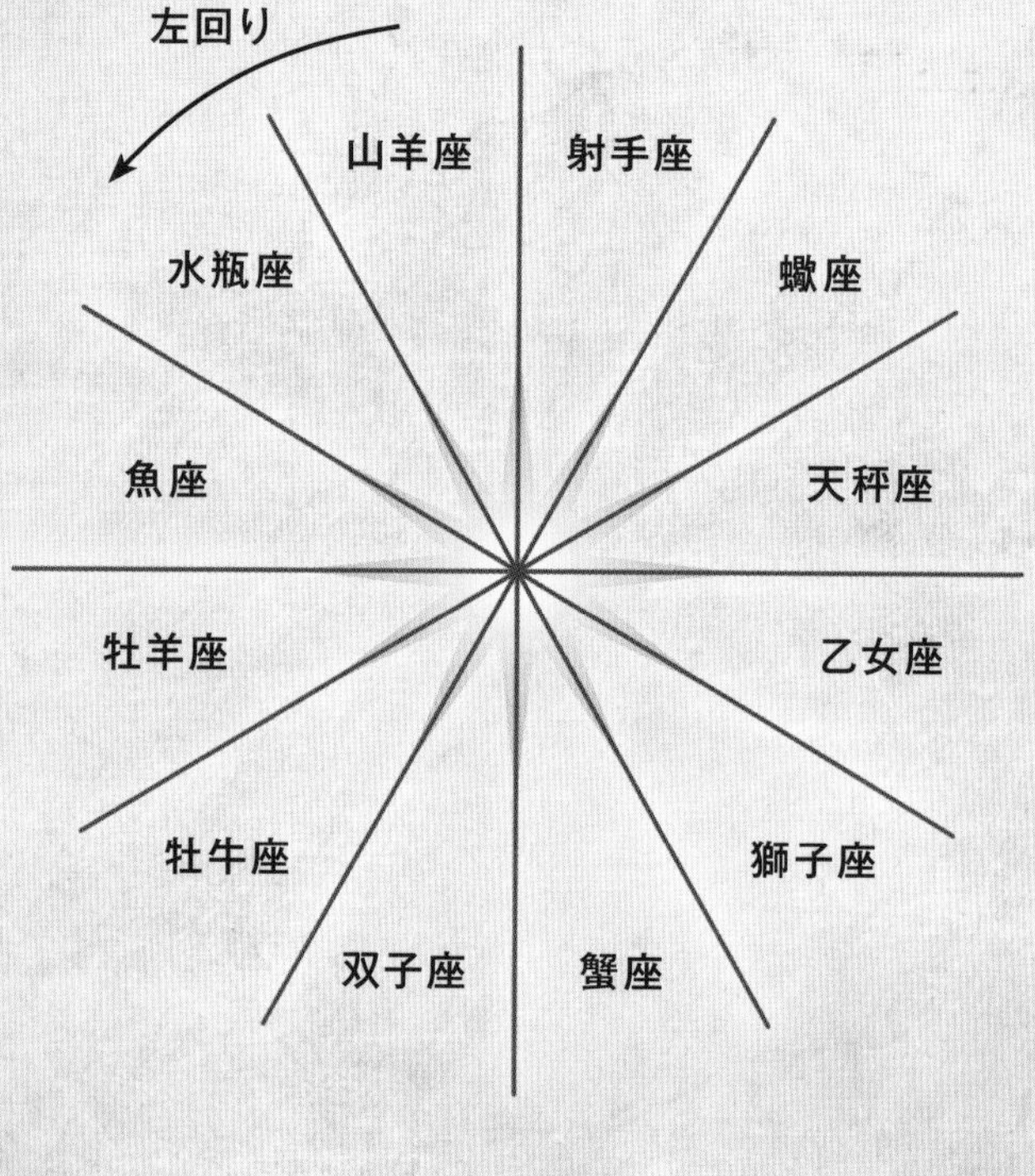

つぎは、あなたの星座から相手の星座までが、**左回り（反時計回り）で数えて何番目にあるかを調べてください。**

たとえば、あなたが双子座、相手の星座が乙女座ならば、図3を見ると乙女座は双子座から左回りで3番目にあると数えます。

もし相手の星座が、あなたと同じ星座ならば0番目として数えてください。

そこまでできたら、つぎに見るのがつぎのページの図4です。

相手の星座が左回りで数えて3番目にあったとしたら、図4を見るとグループは3になります。

効果的な接し方は、「興味をもつ」と書いてありますね。これが相手に接する際に意識したい点のアドバイスになります。

相手と仲良くなるとか、一緒にビジネスをするなど、発展的な関係を求める場合に、「興味をもつ」ということを意識して接すると、効果的に関係を発展させることができるようになるわけです。

〔図4〕 相手への効果的な接し方

グループ	順番	接し方
0	0番目	親近感をもつ
1	1番目、11番目	素直に接する
2	2番目、10番目	手助けをする
3	3番目、9番目	興味をもつ
4	4番目、8番目	共感する
5	5番目、7番目	尊敬する
6	6番目	関心をもつ

ただ、このワンフレーズだけでは理解が難しいと思うので、これからグループごとに詳細をお伝えします。慣れてくれば、図4の表を見るだけで、どのように接すればよいのか、すぐにわかるようになります。

0グループ：0番目【親近感をもつ】

この0番目のグループは、あなたと相手の星座が同じだった場合になります。

星座が同じということは、お互いの人生を発展させようという傾向が、同じなので、親近感を覚えやすくなります。

ただ、似ているということは、自分の嫌だと思っているクセを見せられるケースもあって、ちょっとイライラすることもあります。そこにはなるべくフォーカスしないで、**あなたから、「親近感を覚えているように相手と接する」ようにしてください。**

思い切って相手の懐に入ってしまうのもオススメです。

ちょっと図々しいかなと思われるくらいが、この0グループの人と上手く人間関係を作るコツなのです。

気楽に食事に誘ってみたり、ちょっと甘えて接してみたりと、距離を縮めるような接し方を意識してみましょう。

すると相手も、親近感をもって接するようになってくれるはずです。

1グループ：1番目、11番目【素直に接する】

この1グループは、あなたの星座から見て隣り合う場所に相手の星座があります。隣り合う星座なので、お互い相手の星座に馴染《なじ》みがありよく理解しています。だからこそ、相手が何を考えているのかもわかりやすいので、あまりウソや言い訳が通じません。だから、**肩肘張らずに「素直に接する」方が得策です。**

0グループほど図々《ずうずう》しいのはダメですが、1グループの人に他人行儀に接しすぎてしまうと、相手もとても居心地が悪くなります。

また隣り合っていて相手のことがほどよい距離感で理解できるからこそ、人の振り見てわが振り直せというように、相手を反面教師のように感じたり、逆にあこがれを感じたりすることもあります。

その場合は、素直に学ぶ姿勢をとってください。

いずれにしても、変なウソやごまかしをせずに、素直に接するようにしましょう。

すると相手もリラックスして、あなたに接してくれるようになります。

2グループ：2番目、10番目【手助けをする】

この2グループは、お互いが助け合う関係になります。

助け合うがゆえに、どちらが主導権を握るかという点で動きが遅くなることがあります。ただ、そこさえはっきりさせてしまえば、非常に良好な関係を築けるのがこのグループです。

だから、**あなたが、「いかに相手を助けるか」です。**

「助ける」といっても難しく考えなくて大丈夫。何か困っていればアドバイスをしたり、言いたいことがあるようだったら話を振って聞いてあげたりと、日常のちょっとしたことに手を差し伸べる感じで十分です。

このときに、相手がお金に困っているからといって「現金を渡す」という助け方ではなく、少し遠回りな援助がよいでしょう。たとえば、仕事を紹介したり、稼ぐ方法を教えたり、**直接的ではない方法で助けるようにしてください。**

良好な関係を築くことができれば、人生でも最大級に協力し合える存在になりますよ。

3グループ：3番目、9番目【興味をもつ】

この3グループは、じつはお互いが理解し合うのに、少し時間がかかる関係にあります。考え方も違えば、行動の仕方も違います。価値観が違うと感じることも。でも、**この違いこそが創造力を生み出します。**

3グループの人に**あなたが提供する振る舞いは、「相手のことに興味をもつ」です。**

人は他者から興味をもたれると、とても喜びます。

あなたが話しているときに、聞き手がとても興味深そうに「うん、うん」「それで、どうなったの？」と聞いてくれていたら、高揚感が高まりどんどん話が進みますよね。

このように価値観やいろいろなことが違うからこそ、興味をもって接することで得られることが多く、**あなた自身の人生も洗練され人としての器が広がります。**

3グループの人はちょっと苦手だ……と感じていると、あなたの人生の可能性も止まってしまいます。逆に慣れてくると3グループの人こそ、一緒に居てとても楽しく生産性の高い相手になります。

人生に創造力や新しい変化を与えてもらえるチャンスですので、ぜひあなたから積極的に、相手に興味をもって接するようにしましょう。

4グループ：4番目、8番目【共感する】

この4グループは、少し話せばすぐに相手の気持ちを感じ取り、打ち解けてしまえる関係です。仲良くなるのもとても早いでしょう。

話していることも考え方も、ほどよく絡み合って、どんどん話が弾みます。居心地のよさはかなり高くなる傾向があります。

ですが、考えや価値観が似ているからこそ、一緒にいて楽しいという感情以上の発展が生まれにくいのが欠点。

だから、**あなたは、「相手の気持ちに寄り添うこと」を意識して接してください。**

「そうだよね、その気持ちすごくわかるよ」と言われると、とても安心しますね。

このような安心感と心が通い合っている印象をもてるのが、この4グループの最大の特徴なのです。

「どっちが上か」という変な上下関係や、怒りの感情はなるべくもたないようにするのが、関係を長く続けるコツになります。

共感しやすいだけに、やましい気持ちや知られたくない本心まで伝わりやすいので注意が必要です。あなたが好意をもって共感する姿勢をずっと提供していれば、相手にもあなたに良好な感情をもってもらえますよ。

5グループ：5番目、7番目【尊敬する】

5グループはすべてのグループの中で一番、接し方に悩むかもしれません。

なぜなら、**お互いがあまりに違いすぎて、まったく別の世界に生きているのではと思うほど、理解することが難しいと感じやすい相性だからです。**

ただ逆に、ここまで違いがはっきりしていると、その距離感のお陰でかえって親交が深められることも多いでしょう。
住んでいる世界があまりに違う人に対する**あなたの適切な振る舞いとしては、「尊敬すること」です。**

たとえば、海外の人が日本人に対して尊敬してくれると、何だか誇らしくてうれしくなりますよね。そうやって尊敬してくれる海外の人には、日本人も尊敬でお返ししたくなります。

このように、相手に対して尊敬する気持ちで接することで、良好な関係を築きやすいのが、この5グループになります。

だからといって、ガチガチにへりくだって接しろというわけではありません。**相手の考えや価値観や仕事内容に対して、尊重する姿勢で接するのです。**

相手のやっていることを重要だと思って接すれば、お互いの違いを学び合って共に成長し合える、発展的な関係を築けるようになります。

6グループ：6番目【関心をもつ】

6グループも5グループ同様に、距離を感じやすい傾向があります。

ただ、まったく別の世界という感じではなく、距離そのものが遠いという印象を抱きやすい相性になります。でも、お互い好意はもちやすく、気になる存在になる傾向があるので、カップルとして成立しやすいです。

そんな相手に対して、あなたが提供すべき態度は、「関心をもつ」ことです。

3グループの「興味」とどう違うのかというと、興味は「それおもしろい！」と心が動いてから興味がわいてきます。一方で、**関心はそこに注意がいって気にかけている状態。**心や感情が動いた結果の行動ではない、という違いがあります。

たとえば、どこか食事に行くとき相手のことを気にかけて誘ってみるとか、一緒に出掛けるときはどこに行きたいか気にかけて聞いてみる、という接し方ですね。

相手の考えや意見に関心をもつというニュアンスでしょうか。

どことなく距離を感じるのですが、それでも相手のことを忘れてはいなくて、**「あなたの重要なポイントは押さえているよ」という感じが、居心地よいのがこの相性に**

なります。

これまで、相手に対して価値を与える接し方をお伝えしてきました。

もちろん相手と接している間ずっと与えてばかりいる必要はありませんが、ふとしたときにどのように接しようかと悩んだら、このＳＴＥＰを思い出してください。

これは、星座さえ聞き出すことができればすぐに活用できるツールですので、とても便利です。

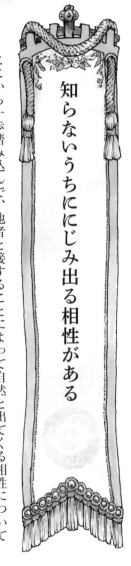

知らないうちににじみ出る相性がある

ここから一歩踏み込んで、他者と接することによって自然と出てくる相性についてお話ししていきましょう。

じつは、無意識に「相手から面倒を見てもらえる」また「相手の面倒を見てしまう」という相性があります。知らないうちににじみ出てしまう相性です。

これを知って攻略しておくことで、さまざまな人間関係において、常に発展できるようになります。これが、「STEP4　お互いの相性から、『心の守備範囲を広げる』を知る」になります。

お伝えしてきているように、東洋占星術は「人格力」、西洋占星術は「成功力」を教えてくれます。ですから、先ほどのSTEP3のように、能動的に相手にアクションをする場合は、西洋占星術からの切り口が有効になります。

そして、**知らないうちににじみ出てしまう相性に対しては、東洋占星術の方が色濃くなります。**この相性は能動的に使うには少し難しいのですが、慣れてくれば上手くコントロールをすることができるようになります。

STEP2の図1で、隣り合うエレメントは、相性としては良好だとお伝えしました。

ですからあなたが四緑木星だった場合、一白水星・三碧木星・九紫火星は相性がよいということになりますね。**このよい相性の人に、どのようなスタンスで接するのがより最適なのか、というのを知るのがこのSTEP４になります。**

そのために、１７９ページの図１の矢印の方向に注目してください。

たとえば四緑木星のエレメントは「木」ですが、その「木」に対して「水」から矢印が向いています。**これは「水」は「木」に対して「面倒を見ます」という相性であることを意味しています。**ですから、「木」のエレメントである三碧木星・四緑木星は、一白水星の人の援助や助けを受けやすいという相性であることがわかります。

僕は四緑木星ですが、妻は一白水星です。

ですから、日常生活では僕のサポートをしてくれることが大変多いですし、そうしてもらうことに僕もあまり引け目を感じません。

この相性は無意識に出てしまうので、**妻も意識して僕の面倒を見ていませんし、僕も意識して面倒を見てもらっていません。**でも気づくとそういう関係になっているのです。これがこの相性の最大の特徴です。

逆に、僕の四緑木星から見ると、「火」の九紫火星は、面倒を見る相性になります。

長年、僕の会社の事務としてお仕事をしてくれている女性がいて、その人が九紫火星です。やはり、この女性にサポートをしてもらうという感覚は僕にはありません。

むしろ、**いろいろ気にかけて面倒を見たくなってしまいますが、何かしてあげたかといって嫌な気持ちにはならないのです。**

このように日常生活で知らず知らずのうちに相性の影響を受けています。

これを知っておくと誰に甘えることができて、面倒を見るべき相手が誰なのかがわかり、人間関係がずいぶん楽になります。

ちょっとズルイ考え方で人間関係を楽にしたいと感じるなら、**あなたのエレメントに矢印が向かってきているエレメントの人ばかりと仲良くすれば、面倒を見てもらいやすいので人間関係が気楽になります。**といっても相手は人なので、なかなかそう上手くはいきませんから、ほどほどで考えておいてくださいね。

では、同じエレメントの人との相性ではどういう関係性なのかというと、これは同列になりますので、どちらかが面倒を見るとか見られるといった差はありません。

ドラゴン・シナストリー奥義②「器を広げる」

さて、問題はあなたのエレメントと繋がっていないエレメントの人と、どうやって接すればよいのかです。

「木」で見ますと、「土」と「金」は繋がっていませんね。ですから相性的には、理解がしづらいということになりますので、もう仲良くなるのをあきらめるのか……というと、もちろん解決方法はあります。

それは、そのエレメントに向かっていくエレメントを意識して接すればよいのです。

なかなか理解が難しいので、例を出します。

たとえば「木」のエレメントの人が、「金」の人と仲良くしようとしたとします。

ですが「木」と「金」は線で繋がっていません。だから、普通にしていてはなかななか呼吸が一致しません。

そのため、「金」のエレメントに向かってきているエレメント、つまり「土」のエレメントのことを意識して接すると、人間関係の構築がしやすくなるのです。

「土」のエレメントの代表的な特徴は、「忍耐・継続」になります。

そこで、**「金」のエレメントをもった人と仲良くなろうとするなら、「忍耐・継続」を意識して接した方がよいのです。**

「忍耐・継続」ですから、態度としてはストイックさを見せたり、長く積み上げてきた能力をアピールしたり、ワガママを言われても動じずにガマンしてみたり、という感じで接するのです。

これは、「木」の人からすると、かなり努力をしないとできないことばかりです。

というのも、「木」と「土」も線で繋がっていませんね。「木」の人にとって「土」に基づいた行動をするのはかなりストレスフルなのです。

「木」の人が「金」の人を攻略するには、「土」を意識すれば攻略はできるのですが、**そのためにはやはりかなりの努力が必要。相当がんばらなくてはいけません。**

でも、これを何度も繰り返しているとどんなエレメントをもった人にも対応できるようになってきます。**これができた人のことを、「練られた人格」とか「懐が深い」「器が広い」といった言い方をします。**

つまり木・火・土・金・水の5つのエレメントをすべて扱えるようになると、あなたは人から人格者であると思われるようになります。

マスターしておいて損はないのです。

これから木・火・土・金・水のそれぞれのエレメントにどのように接するべきかをまとめてお伝えしますので、これをあなたの人間関係に活用してみてください。

木・火・土・金・水の5つのエレメントを攻略せよ！

「木」のエレメントを攻略！

「木」のエレメントをもつ人を攻略するには、「水」のエレメントを意識した接し方がヒントになります。「水」は「感情・人脈」が特徴になりますので、**「木」のエレメントには、人情で接すると攻略できることがわかります。**

泣き落としや、感情に訴えかけるアプローチに弱いのが「木」の特徴。

感情を伴わないロジカルな話し方をしてしまうと、相手もクールになり討論のような会話になってしまい、最悪どちらが論破するかという流れになってしまいます。

ですから、**「いろいろ難しいことはありますけど、でもやっぱり人の心が大事ですよね」**といったスタンスで接すると、「木」のエレメントの人は心を開いてくれるようになります。悩みや愚痴を話しはじめたら、しっかりと共感するように聞いてあげると、とても喜びます。

「火」のエレメントを攻略！

火のエレメントをもつ人を攻略するには、「木」のエレメントを意識した接し方がヒントになります。

「木」は「活動・信用」が特徴になりますので、**「火」のエレメントの人には言葉よりも行動で示す方が伝わりやすく、またパッと見て信用できるような明るくさわやかな雰囲気で接すると攻略しやすいのです。**

「火」のエレメントの人には、泣き落としも言い訳もあまり通用しない傾向があり、**仕事が早い人を好みますから、段取りよく対応した方が好まれます。**

いろいろ語らなくてもわかるような社会的なステータスや、評判のよさなどがあるとベター。あなたがそういうのをもっているなら、それとなく伝わるように接するのがポイントです。

また、おもしろい情報や噂《うわさ》などを教えてあげると興味をもたれやすいですよ。何もないなら、ひとまず見た目だけでもさわやかな印象を与えると効果的です。

「土」のエレメントを攻略！

「土」のエレメントをもつ人を攻略するには、「火」のエレメントを意識した接し方がヒントになります。

「火」は「輝き・知性」が特徴になりますので、**「土」のエレメントの人には知性あふれる会話をするのがオススメです。**

これは博識という知性ではなく専門的な知性の方で、専門性があるからこそあふれてくるインスピレーションを感じられる会話が重要なのです。

ですから、**少々マニアックな会話の方が好まれますし、そういう話ができる人のことを信用してくれる傾向があります。**

また活躍しているステージを見せることができればかなり効果的。少し目立つような華やかさを感じるスタイルをしていると好感をもたれやすいです。といってもやりすぎは禁物ですよ。

「金」のエレメントを攻略！

「金」のエレメントをもつ人を攻略するには「土」のエレメントを意識した接し方がヒントになります。

「土」は「忍耐・継続」が特徴になりますので、**「金」のエレメントの人にはしっかりと地に足のついた実力を見せることができると好感をもたれます。**

ステータスや華やかな肩書きでは信用してもらえないのが特徴。実力を肌で感じられることが重要ですし、もって生まれた才能をしっかりと育てている人を好みます。

また、ストイックにがんばっている姿はしっかりと評価する傾向が強く、そこまでに至った過程を大切にしてくれる人です。途中の努力もしっかりとアピールしておきましょう。だからこそ、マメさが大事で報・連・相はこまめにするのがオススメです。

簡単にパッと結果が出た、というような話は好まない傾向がありますので注意です。

「水」のエレメントを攻略！

「水」のエレメントをもつ人を攻略するには、「金」のエレメントを意識した接し方がヒントになります。

「金」は「喜び・権威」が特徴になりますので、**「水」のエレメントの人には、人間**

的な喜びを提供できるとよいでしょう。

たとえば、おいしいものを食べたり飲んだりするとかはとても効果的ですし、単純に楽しい会話を好む傾向が強いです。

そして自然と高級なものを好む傾向がありますから、ブランド力のあるお店や商品、空間をチョイスするのもとても効果的です。

またネチネチとした接し方をしてしまうと嫌われてしまいます。**ある程度、あっさりした態度で接した方がよいでしょう。**少し物足りないかな……と感じるくらいがちょうどよいのです。

ここまで、各エレメントに合った接し方をお伝えしました。

やはり自分のエレメントと線で繋がっていない場合は、なかなか実践できる気がしない……と感じたかもしれませんが、できる範囲でチャレンジしてみてください。

相性が悪いはずなのに、とても良好な関係を築けている、ということもあると思います。

その場合はたいてい、**お互いが人格の高い大人か、どちらか一方の器が広くてまだ子どもの器の人をフォローしてくれているか**の、どちらかである可能性が高いです。

ただ、相手の器が広い結果の良好な関係は、残念ながら長続きしません。

よく恋愛や友人などで、人との関係があまり長続きしない、という人がいますが、その場合はその人の人格がまだしっかりと練られていない可能性が高いです。

でも落ち込む必要はありません。

あなたにはドラゴン・メッセージがあります。

ドラゴン・メッセージの点数を10点以上にするように意識すれば、人間関係も良好になっていきますから、安心してください。

Chapter 5

未来を見通し、成功の波に乗るドラゴン・フォーキャスト

DRAGON MESSAGE

DRAGON MESSAGE

DRAGON MESSAGE

WHEN DRAGONS FROM THE EAST AND THE WEST UNITE AND BECOME A "WHEEL OF OUROBOROS", IT FORMS A MAGNIFICENT WISDOM.

僕は未来を見通す「タイムマシン」で
1年後の流行を読んでいた

これからお伝えするのは、少しあなた自身のことから離れて、「これからの時代」についてです。

Chapter 1でも少し触れましたが、自分のことを知ると同時に、あなたが過ごしている時代や社会のこともしっかりと理解しておかないと、自分のことを上手《うま》くこの世で活躍させることができません。

逆に、未来のことを知ることができれば、とても上手く自分を生かせるようになります。

僕は、昔から『ドラえもん』に出てくる「タイムマシン」が欲しくてたまりませんでした。でもその願望は、占星術と出会ったことで実現してしまいました！

もちろん、タイムマシンほどの精度では未来はわかりません。

ただ、これまで未来を知ろうとしてもまったく1ミリも予測ができない状態から、**「何となくこんな感じになる」というレベルまで、できるようになったのです。**これはすごいことで、発見したときは文字通り寝食を忘れて研究し、それをさっそくビジネスに応用してみました。

以前、僕はアパレルの会社に勤めていました。

じつはアパレルの仕入れは、1年後に売れると予測したものを買わなければいけない、ギャンブル性の高い作業。**予測を読み間違えると、まったく売れない在庫を抱えてしまいます。**

そこで、占星術での未来予測で1年後にどのような色や形が流行《はや》るのかをリーディングし、その通りの服を仕入れてみることにしました。

すると予想通りの服が1年後に流行。人気商品を生み出すことができたのです。

意図的に「時代に愛される人」になる方法

時代というのはおもしろくて、その時代にピッタリと合ったことをしている人は、ビジネスも人間関係もすべてが円滑に進みます。

これを「時代に愛されている状態」と僕は呼んでいます。

そして、**これを偶然ではなく意図的に生み出せるのが、これからお伝えする「ドラゴン・フォーキャスト（予測）」なのです。**

恋愛もタイミングがとても大事ですね。

誘ってほしいときに誘われず、会いたくないときに誘われるなど、どうもタイミングが合わないと、この人とはダメかもな……と感じますね。

それと同じことが時代にもいえるのです。

DRAGON'S MESSAGE

最適なタイミングで、最適なアプローチをされると、時代があなたを放っておかなくなります。

これからの時代の流れを予測するには、占星術の知識はとても役に立ちますが、**今現在のニュースにも精通していないと正しい判断はできません。**

それこそ、好きな恋人のことは興味をもっていろいろと知りたくなりますね。

そうやって興味をもたれると、もたれた側も興味をもちはじめて好きになってしまうものなのです。

ですから、**時代に対して興味をもつと、時代に自然と愛されるようになります。**

しかも占星術を使って時代の先読みまでして、タイミングを合わせようとするのですから、いっそう愛されてしまうのは当然です。

いまの社会で起きていることは新聞やニュースで知っていただくとして、この章では**占星術を通してでしか知ることができない、ドラゴン・フォーキャストによる時代の流れをお伝えしていきます。**

占星術を信じない「成金」、占星術を信じる「本物の金持ち」

占星術において、社会の動きを予測する場合は「木星」や「土星」といった惑星の動きを見るのが一般的です。

ところで、Chapter 1でも少しお伝えしましたが、宇宙に浮かぶ惑星の動きで、なぜ地球上の時代の流れや流行が予測できてしまうのかという、明確なエビデンスはありません。

しかし僕の体験的には、**驚くほど時代は天体の動きと一致しています。**あなたも含め地球に住む人類全員が、この天体のリズムに合わせて生活をしていると実感しています。

モルガン財閥の創始者であり**金融王のジョン・モルガン（J・P・モルガン）氏も、**

『ニューヨーク・タイムズ』のインタビューで、「億万長者は占星術を信じないが、大富豪はこれを活用する」と答えています。

つまり、「成金はエビデンスのない占星術を信じないけど、本物の金持ちは信じるんだよねー」と言っているのです。このように世界的な成功者も活用しているテクニックです。せっかくですから、僕たちも活用してしまいましょう！

とはいえ、占星術で未来予測というと、何だか特別な能力がないと活用できない印象を受けるかもしれません。

じつは占星術は、極めて高度に体系立てられた学問。**誰でも使えるようになります。**

あなたにも占星術が使えるようになっていただきたいのですが、そこまでお伝えするには膨大なページ数が必要になりますので、本章では未来予測をお伝えし、あとはあなたのこれからの人生で体験してもらうことにします。

まず、占星術で未来を予測する場合には手順があります。

それは、**大きな流れを知った上で、小さな流れを予測するということです。**

つまり、「1年後どんな社会になるのか」といった近未来のことを知ろうと思うとき、それよりももっと大きな時代の流れを知っておかないと、1年先の予測は正確にはできません。

ですから最初は、大きな時代の流れからご紹介していきます。

この大きな時代の流れを知ると、あなたはいまという時代に生きていることに、壮大な運命を感じることでしょう。

そのような新しい視点をあなたに提供できることに、とてもワクワクしています。

20年に一度の「グレート・コンジャンクション」が時代を作ってきた

社会の流れを予測するには、木星と土星という惑星の動きから判断します。

木星と土星は地球と同じように太陽の周りをグルグルと回っていますが、木星は太陽の周りを回るのに12年。土星は29年かけて回っています。

この木星と土星が重なる瞬間が、20年に一度発生するのですが、このタイミングを占星術ではとても重要視しています。

あまりに重要なので、付けられた名前が「グレート・コンジャンクション」。いかにも強そうな名前で呼ばれています。

20年に一度発生するグレート・コンジャンクションで、時代や社会のテーマが変わると考えられているのです。

最近だと、２０００年5月29日にグレート・コンジャンクションになりました。

このグレート・コンジャンクションが、どこの星座で起きたのかが重要なのですが、このときは牡牛座《おうしざ》だったのです。

牡牛座は金銭・通貨を象徴する星座なので、**このグレート・コンジャンクションからの20年間で、金銭・通貨にまつわる歴史的な社会現象が起きやすい**と判断するわけです。そして、結果的に何が起きたでしょう。

２００２年にドルに対抗しうる**新しい通貨「ユーロ」が流通を開始しました。**

また、２００８年には**リーマンショックが発生しました。**

さらに、同じ年に仮想通貨ビットコインの論文が発表され、２００９年には**仮想通貨の実用化が始まりました。**

このようにかいつまんでみても、グレート・コンジャンクションで強調されていた現象が、実際の社会でも発生していることがわかります。

しかし、グレート・コンジャンクションのすごいところは、この程度のことではないのです。少し難しい話になりますが、１８４０年頃から２０００年の間に起きたグレート・コンジャンクションは、「牡牛座」「乙女座」「山羊座《やぎざ》」のいずれかで発生してきました（一部の例外は除く）。

牡牛座、乙女座、山羊座は「地」のエレメントを象徴する星座になります。

ということは、**１８４０年から２０００年までは「地」にまつわることが社会現象として発生しやすかったということになるのです。**

「地」が象徴する現象とはどのようなものでしょうか？

地とは、この地球上にある「物質」を意味します。土地や食料、生活用品や嗜好品《しこう》、それらを流通させるためのお金などが「地」の象徴です。

つまり、「地」のエレメントで象徴される「物質」がこの約２００年間の主人公として君臨してきたことがわかるのです。

僕たちは「非常識」が「常識」に変わるすごい時代にいる

では、１８４０年から主人公として君臨してきたこの「物質」は、どのような社会現象を引き起こしてきたのでしょうか？

Chapter １でも少し触れましたが、この頃から「資本主義経済」が世界のスタンダードになりはじめたのです。

地球上で価値のある物質、つまり「資本」を集める人口が１８４０年以降から爆発的に増えました。そして、資本をもっている人が勝ち組だという考え方が、この世の中の常識になってきたのです。

お金はもちろん大昔からありましたし、商人もいました。

ですが、当時の世界の総人口から考えると商業をしていた人は極々わずかで、多くの人は農家として生活していました。

だから、資本を集めるなんて非常識な世界でした。

その非常識が、「常識」へと転換されていったのがこの時代なのです。


現代では家庭菜園で自給自足ができていても、収入がなければ金融会社はクレジットカード1枚発行してくれません。

家だってそうですね。10万円の家賃の部屋を借りようとしたら、やはり毎月30万円程度の収入証明がないと貸してもらえないでしょう。

ですから、とても乱暴な言い方をすると、その人の人間性はどうあれ、現代はお金（収入）がどれだけあるかが社会的信用に繋《つな》がるという時代であり、それが世界の常識なのです。


なぜ僕がこれほど、「常識」を強調しているかというと、**この常識が変わる時代に**

僕たちはいるからです。

常識が変わる時代の転換は、いったいいつ起きるのでしょうか？

それが２０２０年12月22日です。

これまで資本、つまり「お金」が主役だった地の時代が、ついに２０２０年12月22日で終わりを向かえ、新しい時代がスタートします。

もちろんこの日から突然ガラッと変わるわけではなく、徐々に変化をしていきます。

２０２０年が始まってからのコロナショックを含め、目に見えて時代の変化が起きています。

つぎからは、２０２０年以降の時代の移り変わりを予測していきましょう。

これからがドラゴン・フォーキャストの醍醐味《だいごみ》になりますよ。

言語を超えた新しい会話方法の誕生～ドラゴン・フォーキャストで未来予測①

お金が主役だった「地の時代」の２００年間が終わり、**2020年12月からは新しく「風の時代」の200年が始まります。**

先ほど説明したグレート・コンジャンクションが、２０２０年からは「双子座」「天秤座《てんびんざ》」「水瓶座《みずがめざ》」のいずれかで発生します。これが２２１９年まで続きます。

双子座、天秤座、水瓶座は「風」のエレメントの星座になります。

占星術でいうところの「風」には、「境界がなくなる」「知識・言語」「横との繋がり」「仲間」「普遍性」「美しさ」というような意味があります。

この「風」が世界の中心になる２００年間がスタートしたのです。

現代に起きていることと、風の特徴を合わせて考えたときに「風の時代」の２００

年間で起きることは、何となくイメージができます。

まずは、国の重要性が希薄になると予想しています。

現代を見ても、国が提供している豊かさよりも、企業が提供している豊かさの方が勝っていることが多くなってきました。

たとえば、GAFAなどに象徴されるような企業のサービスが、どれほど私たちの生活を豊かにしたかは、敢《あ》えて言葉にする必要もないでしょう。

今後、このような大企業の影響力は国家の枠を超えてしまうはずです。

それこそ年金やインフラなども国家に税金を納めるより、企業に納めている方が安泰なのではないか、と感じる人が出てきても不思議ではありません。

その他には、言語の壁もなくなると思っています。

これは言語が統一されるということではありません。

話したいことをイメージすれば相手に伝わるようなもので、つまり**言語を必要としなくても相手とコミュニケーションがとれる新しい会話の方法が生まれるでしょう。**

脳科学がこれからさらに進化することで、このような**一種のテレパシーのようなデバイスが開発される可能性はもうすでに見えているそうです。**

宇宙空間を使った新しい移動手段の誕生
～ドラゴン・フォーキャストで未来予測②

そして、宇宙産業のさらなる発展があるでしょう。

宇宙という大きな視点で見たときに、地球上のローカルな国家や民族や言語の違いなどは存在しないことを痛感するようになるでしょう。

また人類の文明が大きく花開くときに、移動手段の発展が常にあります。

「宇宙空間を利用した地球上の移動」ができるようになると、東京とニューヨークを37分で移動できるようになると言われています。

これまであった距離の壁も感じないレベルになるのも、時間の問題です。

このような時代の変化と、これからの「風の時代」の傾向から考えると、**これまで人間が作ってきた境界線を取っ払って統一していく時代へと急速に進んでいく**と僕は予測しています。

言葉の壁・距離の壁がなくなった近未来で、国の重要性は弱くなっているはずです。

２００年後には、おそらく国境の壁もなくなっているのではないかと思っています。

あまり知られていない本当の「モンゴル帝国」に学ぶこれからの２００年

国境がなくなるという予測の参考になるのが、前回の「風の時代」です。どのような時代だったのかを検証してみると、おもしろい発見があります。

いまから約６００年から８００年前になりますが、**１２２６年から１４２５年までが前回の「風の時代」に当たります。**

この時代は、日本では鎌倉時代から室町時代にかけてで、武家政権が本格化しはじめた時代でした。

一方、世界に目を向けますと、**モンゴル帝国の最盛期にちょうどピッタリ当てはまります。**

モンゴルがモンゴル周辺の高原を統一し、中国に侵攻した後、ユーラシア大陸のほとんどを支配した時代で、歴史的にこれほどの広範囲の支配を実現した国は後にも先にもモンゴル帝国だけです。

あまり知られていませんが、モンゴル帝国がユーラシア大陸を支配していた時代は、よくあるような恐怖政治とはかけ離れていました。

シルクロードを活用して、情報・人・宗教・技術・芸術などがボーダーレスに行き交う活発な流通が実現していました。

モンゴル帝国は征服者ではなく「世界を開くもの」と言われるほど、文明も文化も極めて発展した時代でした。

あからさまな人種差別もなく、人に勝る能力があればどんどん用いられました。

個人の能力を重要視した、風通しのよい開かれた帝国だったのです。

また、「イル」というのは「仲間」という意味ですが、**イルになったものが集まれば人種にかかわらず家族のように協力して助け合いました。**

このような共同体をあちらこちらで作る文化でもありました。

だからこそ、仲間の命はことさら大切にされていて、死刑の件数は驚くほど少なかったそうです。

このようなモンゴル帝国の実態は、現代の私たちが見てもまったく違和感を覚えないどころか、800年前とは思えない新しさを感じます。

モンゴル帝国は、なぜこれほどまでに大きな発展をすることができたのか?

それは「時代に愛された」からです。

モンゴル帝国の考え方やあり方が、「風の時代」にすべきこととピッタリと合っていたので、時代の後押しがあって、これほどの発展を実現しました。

これが時代に愛されることのインパクトです。

繰り返しになりますが、「風の時代」のキーワードは**「境界がなくなる」「知識・言語」「横との繫がり」「仲間」「普遍性」「美しさ」などです。**

もしあなたが「風の時代」に愛されたいと望むならば、このキーワードに合ったことをすればよいということになります。

これまでの「地の時代」では、資本を集める能力をもった人が時代に愛されてきましたが、その時代はもう終わったのです。

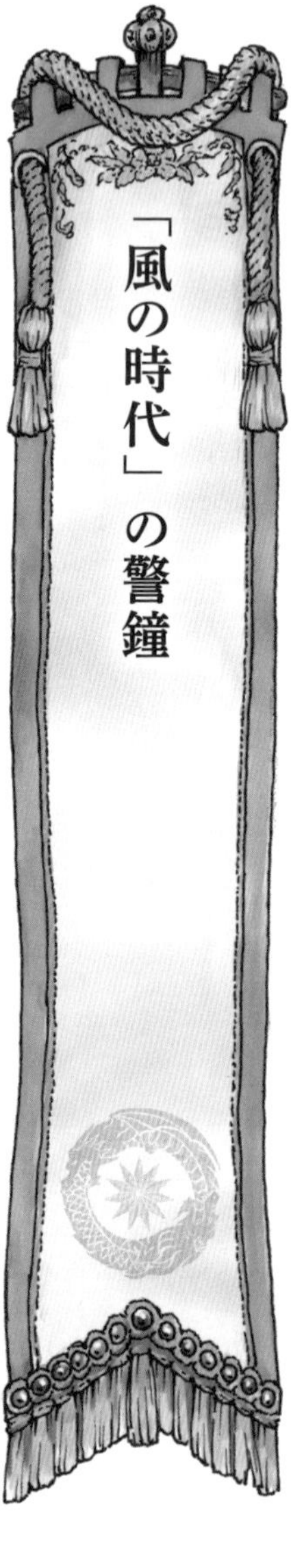

「風の時代」の警鐘

「風の時代」を見ていると、とてもポジティブなことばかりが目につきますが、どの時代にも残念ながらネガティブな側面があります。

さらに残念なことに、「風の時代」が始まる２０２０年を狙ったように大災害が発生しました。新型コロナウイルスの流行です。

モンゴル帝国が最盛期を迎えた「風の時代」の1226年から1425年の間にも、じつは感染症による大災害が起きていました。

黒死病の名でも有名な「ペスト」です。この感染症の猛威は、当時のヨーロッパ大陸の3分の1の人口を死に追いやった未曽有の大災害でした。

ウイルスや細菌は、国境を越えて横の広がりで感染していきますが、これはまさに「風の時代」を象徴するような現象です。

ですから、僕も占星術クラスの生徒には数年前からパンデミックに対しての警鐘を鳴らしていたのですが、実際に新型コロナウイルスの影響を目の当たりにすると、被害の大きさに驚きます。

「風の時代」はまだ始まったばかりです。

まだ見ぬ未来にワクワクする一方で、ウイルスによる災害など国境を越えるような全世界的な問題は、これからいつ起きてもおかしくない時代に入りました。

事前対策は難しくても、実際に問題が起きたときに、**「これは『風の時代』のキー**

ワードに一致する問題かどうか?」という視点も、判断のヒントにしてください。

人類から見て一見ネガティブに思えることでも、それが時代に愛されてしまう内容なら、世の中に拡大されてしまうのです。

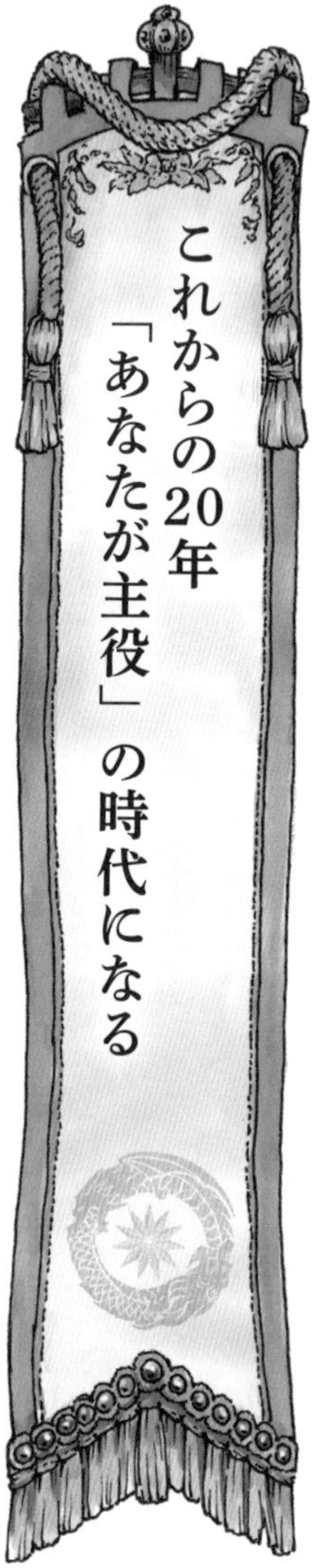

これからの20年「あなたが主役」の時代になる

これまで２００年単位での予測をお伝えしてきました。

ここからはグッと時間を短くして、**２０２０年から２０４０年頃までの20年間がどのような時代になるかを検証します。**

これはつまり、この20年間は「何が時代に愛されるのか?」を調べる作業になりますので、グレート・コンジャンクションを調べればわかります。

直近のグレート・コンジャンクションは、先ほど紹介した２０２０年12月22日で、これは「水瓶座」で発生しますので、**これからの20年間は「水瓶座」をテーマにしたことが、時代に愛されるということになります。**

水瓶座には、**「個人の自立」「常識の否定」「仕事以外の活動」「普遍性」「電波」「最先端技術」「革命」**などのキーワードがあります。

これらの内容に合った活動がこれからの20年で発展していくのですが、もうすでにその現象はしっかりと現実社会に起きていますね。

たとえば、「個人の自立」で言えば、組織や国家に依存しないフリーランスとしての活躍をする人がとても多くなっています。

また、インターネットによる個人の発言は、時に権力者以上の影響力をもつこともめずらしくありません。

水瓶座には、「常識の否定」というキーワードもあります。

常識というのは、これまでの「地の時代」で作られてきたことですが、それがアンチされる流れになるでしょう。

先ほどもお伝えしたように、これまでの200年間では資本主義経済が当たり前の世界になりました。しかし、現実的に資本主義経済に限界がきていて、新しい経済のあり方を作るべきだという流れが生まれてきています。

「仕事以外の活動」については、学校でいうところのクラブ活動やサークル活動をイメージしてください。

趣味ほど遊びでもなく、勉強ほどやらされている感はないような活動です。

いま流行っているもので言うと、たとえばオンラインサロンなどで活動するというのは、この仕事以外の活動に当たります。

価値観の同じ人たちが集まっていろいろな意見を出し合い、気が合えば実際にチームを組んで活動をするというような動きですね。

ただ、仕事以外の活動をしようと思うと「個人の自立」ができている必要があります。自立していないと、オンラインサロンのようなところでは自己主張ができませんし、個人同士がチームを組んでプロジェクトを実行するという場にも、入れないでしょう。

国や会社といった組織に依存しすぎて個を失っている人は、今後さらに人としての魅力を失っていくことになります。

組織の中で滅私奉公的に活躍することが素晴らしいとされたのは、「地の時代」までなのです。

これからはいかに常識にとらわれずに、個人が自立して、個人の価値観で動き、仲間を集めてプロジェクトを遂行していけるかが重要な能力になります。

そういう意味で、この20年間は「あなたが主役」の時代に一気に舵《かじ》をきるでしょう。

Secret Chapter

ドラゴン・シークレット
「あなたが伝説になる」

「あなたが伝説になる」ための才能を開花せよ!

これまで、あなたが幸せに成功するための方法を詰め込んでお伝えしました。

ここまでの内容でも、十分なインパクトをあなたの人生に与えることができたのではないでしょうか。

でも、じつは……ドラゴン・メッセージにはまだ秘密があります。

このような書き方をすると、かえって胡散臭《うさんくさ》くなってしまうかもしれませんが(笑)、このSecret Chapter(秘密の章)でお伝えする**ドラゴン・シークレットは、「あなたが伝説になる」ための才能を開くメソッドなのです。**

さてChapter 5の最後に、これからは「あなたが主役」の時代になるとお伝えしました。これは組織の力が弱くなるのではなく、個人の力が組織の力を超えるほど強くなるという意味です。

そして実際に、そういう個人がいまの時代、多数現れています。

これからの「風の時代」の波に乗るには、これまでの常識をくつがえす力が必要になります。そのために必要な能力は何でしょうか？

それは「イノベーション」を起こすことができる能力です。

イノベーションとは、過去からの延長では生まれないはずのものを生み出すことです。イノベーションという言葉に馴染《なじ》みがない方は、創造性と言い換えてもよいでしょう。

たとえば、音楽を持ち歩くことを発想し実現した「ウォークマン」や、再生医療の扉を開いたｉＰＳ細胞など、各界の偉人たちが数々のイノベーションを起こしてきました。

これまではイノベーションを起こせることは、極めて特別なことであり、神がかっていて、常人ではない何かを超越した人の特権のように思われてきました。

ですが、これからの「風の時代」を考えたときに、**本書を読んでいるあなたも、こ**

の超越した能力を発揮する必要があります。

誰もが知っているAIという技術から見ても、誰でもできる機械的な仕事はこれから淘汰《とうた》されます。このような時代にあっては、このイノベーションの力をもっているかどうかが問われてきます。

イノベーションは、何も社会的な仕事の中だけで起きるわけではありません。日常的な家事やサークル活動、趣味の世界でも、存分に発揮することができます。また、それほど特別な能力でもないのです。

人間なら誰しももって生まれている能力で、その才能にアクセスさえできれば誰でも活用できるようになります。

そのイノベーションを起こす才能へのアクセス方法をいまからお伝えします。

すべての魂は太陽から生まれた

イノベーションを起こす才能へのアクセス方法は、ドラゴン・メッセージの中にあります。

Chapter 2で、あなたの星座から「成功力」としてのドラゴン・メッセージを知ってもらいました。この「成功力」のメッセージは、**あなたがこの地球に生まれたときに太陽がどの方向にあったかを見て判断しています。**

ですから天秤座《てんびんざ》の人は、生まれたときに太陽が天秤座の方向にあったので、「私は天秤座です」ということになるわけです。

さて、ここから少しスピリチュアルっぽい話になります。

西洋占星術には、「地球に生まれる前に魂としての意思があった」という発想があります。

その生まれてくる前の魂は、どこにいたのかというと、「太陽にいた」といわれています。

太陽は、万物の創造を象徴する存在です。

古今東西の神話には、必ずといってよいほど太陽神が登場し、この世のすべてを創造した存在とされています。ですから、僕たちの魂も太陽から生まれ、そして地球に降り立ったという発想になるのです。

そんな太陽から生まれたのですから、魂も、万物を創造する力をもともともって生まれているんだということになるのです。

成功者は地球星座のドラゴン・メッセージにアクセスしている

さあ、では本題です。

その創造性をつかさどる魂にどうすればアクセスできるのかというと、**太陽からの視点で地球の方向を見ればよいということになります。**

まったくイメージつきませんね（笑）。

つぎのページの図5を見てください。

つまり、**あなたの星座の真逆にある星座を見れば、太陽から見た地球の星座を知ることができるのです。**

もしあなたが蟹座《かにざ》ならば、その反対の星座は山羊座《やぎざ》ですから、あなたにイノベーションを起こす方法を教えてくれる地球星座は「山羊座」ということになります。

この地球星座がイノベーションを生み出すカギになります。

〔図5〕イノベーションを起こす方法を教えてくれる地球星座の見つけ方

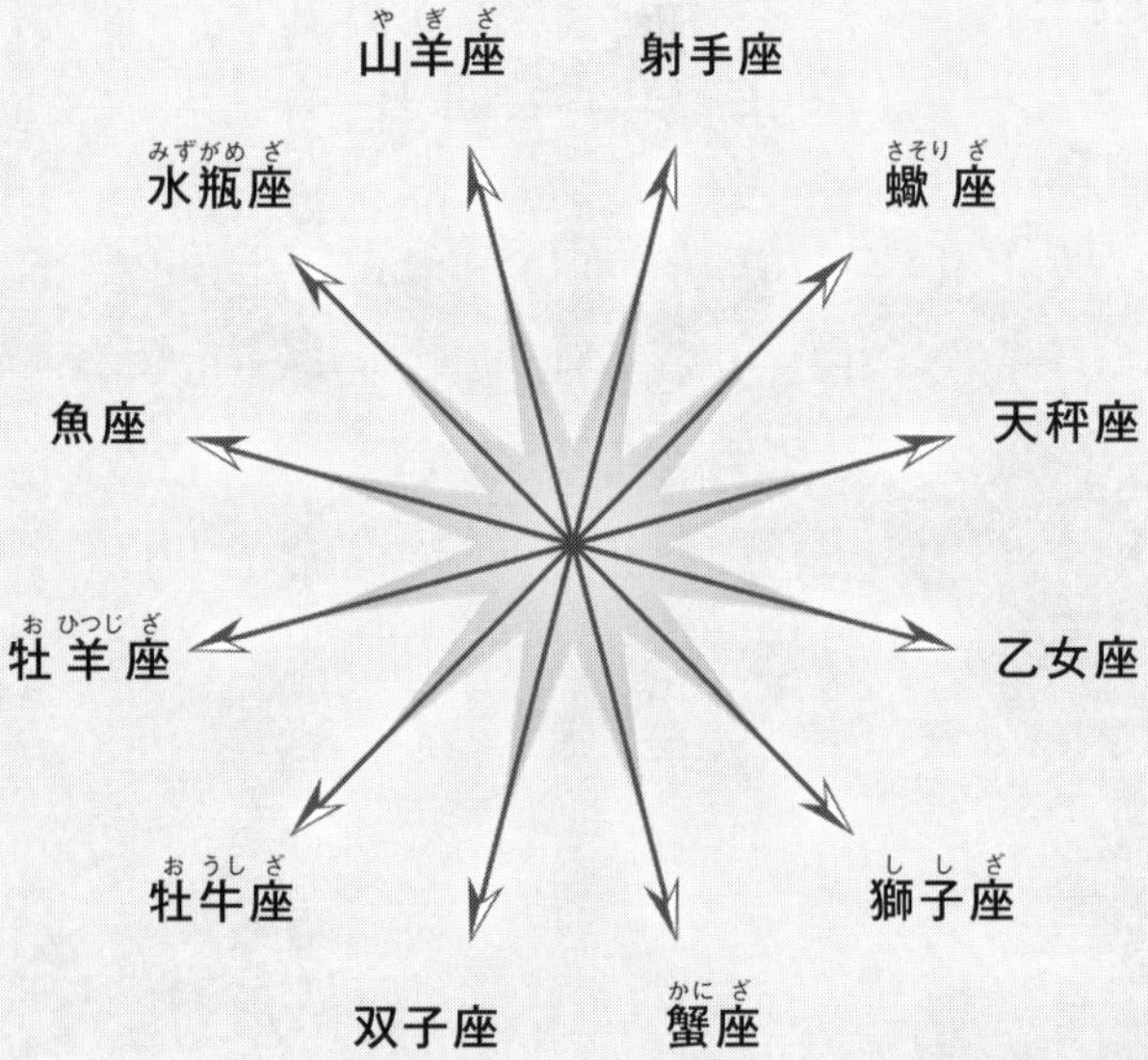

地球星座を見つけたら、その星座のドラゴン・メッセージ（Chapter 2）をチェックしてみてください。

地球星座のドラゴン・メッセージを見て、どう感じましたか？

まったくピンとこないという人もいるかもしれませんし、「まるで自分のことが書かれているようだ！」と感じる人もいるでしょう。地球星座は、じつは特別なものではなく、知らない間に使っている人は割と多いのです。

というのも、**ビジネスなどで大きく活躍しようとすると、どうしてもこの地球星座までフル活用しないとできないはずなのです。**

ですから、大きな成果を出している人ほど、この地球星座のドラゴン・メッセージには納得感があることになります。

だからといって、読んでもピンとこない人も、あきらめてはいけません。

これも通常のドラゴン・メッセージと同様に日常的に目に触れるようにしておくだけで、イノベーションの扉を開くことができるようになります。

あなたを次元上昇させる思考パターン

この地球星座を認識することで、あなたの意識の次元を上げることができます。

よくスピリチュアルの世界では、地球は3次元的だということがありますが、**地球星座は、もっと高い次元の視点をもつきっかけを与えてくれます。**

このような視点を獲得しているときはどのような状態かというと、**エゴが希薄になっている状態に近くなります。**

たとえば瞑想《めいそう》をするときに、「無になりなさい」とか「何も考えないように」というような指示を受けますね。言うのは簡単でやるのは極めて難しい行為なのですが、この無になるという行為は、言い換えるとエゴを希薄にする行為と近くなります。

エゴというのは何でしょうか。

利己主義と訳されることが多いですが、**僕はもう少し具体的に「偏見」と捉えています。**つまり、他の意見を受け入れず自分の意見が一番正しいと思っている状態ですね。常識という言葉にとらわれている人も、このエゴが強い状態であると思ってください。

このような、自分の中でのエゴを希薄にしてくれるのが、地球星座を取り入れた思考パターンになります。

先ほど地球星座を見つけるときに、あなたの星座の反対に位置する星座を見つけてもらいましたが、これはじつは真逆の意味をもつ星座になるのです。

たとえば、蟹座の人はそれだけならば家の中で活動するか、ビジネスをしても小さな範囲でのビジネスをする傾向があります。

にもかかわらず、**この人が会社を作って大きなビジネスを展開しているとしたら、それは地球星座である山羊座を存分に発揮している人だということになります。**

僕がまさにこの状態でした。僕は蟹座なので、エゴが強い状態だと、地球星座である山羊座の内容を全否定してしまいます。

山羊座というのは、国家や大企業など大きな組織などがポイントで、社会のルールや常識も重点になります。

本来の僕の性格では、仕事をするとしても会社に勤めるのが大嫌いですし、大企業もまったく興味がありませんでした。ルールを守るのも嫌いだし、何なら大企業にお勤めの人を低く見るクセがあったのです。

これが僕のエゴ、つまり偏見だったわけです。

こんなエゴにまみれている状態の僕では、努力したところで極めて小さな結果しか残すことができませんね。

個人としての活躍ではなく法人としての活躍をする決意をしました。

複数人の部下をマネジメントし、経営を専門的に学び、そしてM＆Aをしかけるなど、法人という組織でありがちなことを広く体験しました。

聞く人が聞くとそんなの当たり前じゃないかと思うことも、蟹座だけで生きていた僕にとっては非常識なことでした。

法人として組織を作り、社会貢献をする意識をもてるようになって、明らかに僕の視点は大きく広がり、実際のビジネスの規模も一気に拡大したのです。

神がかった結果を出すための最短コース

地球星座は、自分の中でももっとも影響力が強いエゴを解消してくれます。

この地球星座が自分の魂の目的だったことを思い出すためのメソッドが、このドラゴン・シークレットなのです。

エゴに気づきこれを解消していくことに成功すると、視点が広く高くなるのですが、じつは恩恵を得られるのはここではありません。

本当の恩恵は、とてもオカルティックな言い方になるのですが、**エゴを希薄にすることで大きな何かと繋《つな》がるような感覚を味わえるようになることです。**

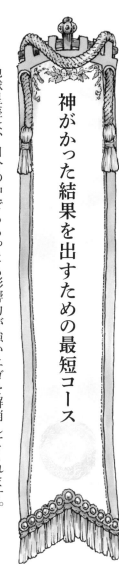

具体的には、不思議な偶然が重なって、イノベーションに繋がりそうなアイデアや発想が生まれることが多くなります。

それはただボーッとお風呂に入っているときだったり、友人と話しているときだったり。偶然に開いた本の一文からヒントを得ることもあります。

とても不思議なのですが、**このようなイノベーション的な気づきには、エゴにとらわれている状態ではなぜか気づくことができません。**

もしあなたが、イノベーションに繋がりそうな実感を得たことがないと感じるなら、ひょっとするとエゴにとらわれてしまっているのが原因かもしれません。

ぜひ、地球星座のドラゴン・メッセージを自分のものとして、自分の魂の目的を認識して、実際に行動をするところまで落とし込めるように意識をしてみてください。

すると、不思議なことがあなたにも起きるようになりますよ。

日産自動車創業者の言葉に学ぶ「すごい結果」を出すコツ

僕のとても尊敬する企業人のひとりに、鮎川義介氏がいます。

意外に知られていないかもしれませんが、鮎川氏は日産自動車の創業者です。

40代という若さで、たった一代で日産コンツェルン、つまり財閥を作り上げた日本を代表する大実業家です。

鮎川氏は、つぎのような内容の言葉を残しています。

「おのれを空《むな》しゅうすることで、何代もかかる大事業をたった一代で成し遂げることができる」

「おのれを空しゅうする」というのは、「自分のエゴをなくす」という意味になります。

「エゴをなくすことができれば、普通なら何代もかかって作る財閥だって、なんとたった一代で作ることができる」ということを言っています。

鮎川氏は、自分の人生でそれを証明してみせたのです。

爆発的な結果を生む地球星座のドラゴン・メッセージ

これまでの話を読んでいると、早く地球星座であるドラゴン・メッセージをマスターしたくなったかもしれません。

ですが、Chapter 2、3でお話ししたドラゴン・メッセージがしっかりとできていない状態で、地球星座のドラゴン・メッセージに手を出すのはオススメしません。

通常のドラゴン・メッセージは、この地球上であなたが成果を出すためには必須の要素になります。

いわば地球上での処世術が通常のドラゴン・メッセージだと思ってください。

そして地球星座のドラゴン・メッセージは、あなたの次元を上げ、アイデアに気づくことを助けてくれますが、それだけであなたを成功に導くことはできません。

あくまでそのアイデアを行動に移すのはあなた自身であり、そのためにも通常のドラゴン・メッセージをしっかりとマスターしていないと実現できません。

ですからせめて11のドラゴン・メッセージで10個はできる状態になっているのを確認してから、地球星座のドラゴン・メッセージを意識するようにしてください。

通常のドラゴン・メッセージをマスターしているだけだと、社会での活躍に限界を感じるようになるはずなのです。ある一定の評価や成果は出ているのだけれど、いまひとつ壁を越えられないな……というような印象をもつようになります。

その状態になったときこそ、**地球星座のドラゴン・メッセージは爆発的な結果を生み出してくれます。**まずは、焦らず通常のドラゴン・メッセージを一歩ずつマスターするようにしてください。

すでに変わりはじめたこの時代を生き抜くために……

新しい時代へ放り込まれた僕ら

本書の執筆が後半にさしかかった頃、世界は新型コロナウイルスの動乱に巻き込まれました。それは、図らずもChapter 5で「ペストのようなパンデミックの発生」に警鐘を鳴らす文章を書いているタイミングと重なりました。

新型コロナウイルスが引き起こした世界への影響は、僕たちを加速度的にまた暴力的に、「風の時代」へと放り込みました。そして、世界中の人に「時代は変わった」ことを印象づけるのに十分なインパクトを与えました。

頼りにしていた会社が立ちゆかなくなり、国家も財政が傾きはじめ、いよいよ自分の力で自立し生きていかねばならない時代を前に、世界中の人々が強い不安を感じています。

そんな中、あなたは幸運にも、自分らしく幸せに成功するための人生の攻略アイテム「ドラゴン・メッセージ」を手に入れたのです。

本書であなたにお伝えしたのは、ドラゴン・メッセージ11個と、ドラゴン・シークレット5個の合計16個です。

この中に、あなたが人生を攻略するエッセンスをギュッと詰め込みました。僕に来世があるなら、真っ先に知りたいのが、このドラゴン・メッセージです。

あなたが地球に生まれてきた理由をまっとうするために

あなたがこのドラゴン・メッセージを活用することで、伝説級の活躍をする可能性が、飛躍的に上がります。

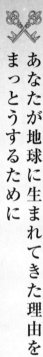

これからの新しい「風の時代」で、あなたが主役となって、あなたがこの地球に生まれてきた理由をまっとうした人生を送り、本当の幸せを実感してください。

つぎはあなたが伝説になる番です。

あなたのご活躍を心から楽しみにしています。

最後に、この本を書くに当たって、サンマーク出版の金子尚美さん、家族をはじめ、クライアントや生徒のみなさま、大恩ある先生方、関わってくださったすべての方々に、心から感謝します。

ドラゴン・メッセージで、全世界の人が自分らしさを発揮して人生を攻略し、幸せに成功することをお祈りして。

柳川　隆洸

本書で紹介した「ドラゴン・メッセージ」をダウンロードできます。

あなたの「人格力」と「成功力」の組み合わせをダウンロードできるので、プリンターをお持ちの場合はA4用紙にプリントアウトしたり、スマートフォンの画面に表示させたりすることもできます。

https://www.sunmark.co.jp/present/dragonastro.html

上記にアクセスして、必要項目と「キーワード」をご入力ください。
キーワードは、本書3ページ冒頭7文字になります。

参考文献

『会社のために働くな』（本田宗一郎 著／PHP研究所）

『興亡の世界史　モンゴル帝国と長いその後』（杉山正明 著／講談社学術文庫）

『ビジュアル 1001の出来事でわかる世界史』（ダン・オトゥール他 著／日経ナショナル ジオグラフィック社）

『日産の創業者 鮎川義介』（宇田川勝 著／吉川弘文館）

星・星座
一覧

DRAGON MESSAGE

WHEN DRAGONS FROM THE EAST AND THE WEST
UNITE AND BECOME A "WHEEL OF OUROBOROS",
IT FORMS A MAGNIFICENT WISDOM.

九星気学一覧表

一白水星	二黒土星	三碧《さんぺき》木星	四緑木星	五黄土星	六白金星	七赤金星	八白土星	九紫火星
1927年	1926年	1925年	1924年	1923年	1922年	1921年	1920年	1919年
1936年	1935年	1934年	1933年	1932年	1931年	1930年	1929年	1928年
1945年	1944年	1943年	1942年	1941年	1940年	1939年	1938年	1937年
1954年	1953年	1952年	1951年	1950年	1949年	1948年	1947年	1946年
1963年	1962年	1961年	1960年	1959年	1958年	1957年	1956年	1955年
1972年	1971年	1970年	1969年	1968年	1967年	1966年	1965年	1964年
1981年	1980年	1979年	1978年	1977年	1976年	1975年	1974年	1973年
1990年	1989年	1988年	1987年	1986年	1985年	1984年	1983年	1982年
1999年	1998年	1997年	1996年	1995年	1994年	1993年	1992年	1991年
2008年	2007年	2006年	2005年	2004年	2003年	2002年	2001年	2000年
2017年	2016年	2015年	2014年	2013年	2012年	2011年	2010年	2009年

※立春（2月4日頃）より前の生まれは、前年度でご覧ください。

12星座一覧表

星座	誕生日
牡羊座《おひつじざ》	3/21 ～ 4/19
牡牛座《おうしざ》	4/20 ～ 5/20
双子座	5/21 ～ 6/21
蟹座《かにざ》	6/22 ～ 7/22
獅子座《ししざ》	7/23 ～ 8/22
乙女座	8/23 ～ 9/22
天秤座《てんびんざ》	9/23 ～ 10/23
蠍座《さそりざ》	10/24 ～ 11/22
射手座	11/23 ～ 12/21
山羊座《やぎざ》	12/22 ～ 1/20
水瓶座《みずがめざ》	1/21 ～ 2/18
魚座	2/19 ～ 3/20

Profile

柳川 隆洸（やながわ・りゅうこう）

ドラゴン占星術師／占星術ビジネスコンサルタント
1978年生まれ。神戸芸術工科大学卒業。
株式会社 Furyu 代表。

幼少期より人間関係に悩み、小学校高学年になると『聖書』『仏典』など宗教書や哲学書を読むも、解決できずに過ごす。

大学を卒業後、アパレル会社に入社。アパレル販売サイトの立ち上げ成功や、2つのブランドを1年で年間売上5億円超へと成長させ、取締役に就任。この頃より、占星術のメソッドを使ってカラーや形を予測し仕入れに反映させ、売上アップを実現。占星術の可能性を確信する。運営していたアパレルブランドを上場企業へ売却し、2013年に「人生を攻略する」サービスを提供する会社、株式会社 Furyuを設立。WEB デザイン、マーケティングなどから、占星術による完全オーダーメイドのパーソナルカレンダー「TIME DIRECTION CAL」の制作を行う。

また現在、著名人や経営者を含む3000人以上のクライアントへの占星術によるコンサルティング提供や、国内だけでなくアメリカでもセミナーを開催。毎日 Twitterで「ドラゴン占星術」を配信し好評を博している。著書に『願いがかなう・目標が実現する「運のいい日」がわかる本』（日本実業出版社）がある。

☆ **ドラゴン占星術** **https://www.dragon-astrology.com**
☆ Twitter **https://twitter.com/Drgn_Astrology**

人生が攻略できる
11のドラゴン・メッセージ

2020年7月20日　初版印刷
2020年8月　5日　初版発行

著　者　　柳川隆洸
発行人　　植木宣隆
発行所　　株式会社サンマーク出版
　　　　　東京都新宿区高田馬場2-16-11
　　　　　（電）　03－5272－3166

印刷　　共同印刷株式会社
製本　　株式会社若林製本工場

ISBN978-4-7631-3846-0　C0039

ホームページ　https://www.sunmark.co.jp